Englisch

Grammatik

Inhalt

INHALT

Substantive
(Nomen)

Pluralbildung

Die regelmäßige Pluralbildung erfolgt durch Anhängen eines **-s** an das Substantiv: car → car**s** *Autos*

SUBSTANTIVE AUF -ch, -sh, -s, -x, -z

match	→ match**es**	*Spiele*
rash	→ rash**es**	*Ausschläge*
bus	→ bus**es**	*Busse (im BE nur ein -s)*
box	→ box**es**	*Schachteln*
quiz	→ quiz**zes**	*Quiz (umgangssprachlich: Quizze)*

SUBSTANTIVE AUF KONSONANT + y

baby	→ bab**ies**	*Babys*
ferry	→ ferr**ies**	*Fähren*
lady	→ lad**ies**	*Ladys*
party	→ part**ies**	*Partys*
hobby	→ hobb**ies**	*Hobbys*

➡ **Aber bei Vokal + y:**

boy	→ boy**s**	*Knaben*
bay	→ bay**s**	*Buchten*
toy	→ toy**s**	*Spielzeug*

UNREGELMÄSSIGE PLURALFORMEN

child	→	**children**	*Kinder*
foot	→	**feet**	*Füße*
goose	→	**geese**	*Gänse*
louse	→	**lice**	*Läuse*
man	→	**men**	*Männer, Menschen, Menschheit*
mouse	→	**mice**	*Mäuse*
ox	→	**oxen**	*Ochsen*
penny	→	**pence**	*Pennys (einzele Münzen: **pennies**)*
person	→	**people**	*Personen (formal, unpersönlich: **persons**)*
tooth	→	**teeth**	*Zähne*
woman	→	**women**	*Frauen*

SUBSTANTIVE AUF -o

echo	→	echo**es**	*Echos*
embargo	→	embargo**es**	*Embargo*
hero	→	hero**es**	*Helden*
potato	→	potato**es**	*Kartoffeln*
tomato	→	tomato**es**	*Tomaten*

➡ **Aber:**

video	→	video**s**	*Videos*
kilo	→	kilo**s**	*Kilos*
photo	→	photo**s**	*Fotos*
radio	→	radio**s**	*Radios*

UNREGELMÄSSIGE FORMEN AUF –ves UND –fs

calf	→	cal**ves**	*Kälber*
elf	→	el**ves**	*Elfen*
half	→	hal**ves**	*Hälften*
knife	→	kni**ves**	*Messer*
leaf	→	lea**ves**	*Blätter*
life	→	li**ves**	*Leben*
loaf	→	loa**ves**	*Laiber*
self	→	sel**ves**	*Selbst*
thief	→	thie**ves**	*Diebe*
wife	→	wi**ves**	*Frauen*
wolf	→	wol**ves**	*Wölfe*

Aber:

| roof | | roof**s** | *Dächer* |

Beide Pluralformen:

dwarf		dwar**ves**/dwarf**s**	*Zwerge*
hoof		hoo**ves**/hoof**s**	*Hufe*
scarf		scar**ves**/scarf**s**	*Schals*
wharf		whar**ves**/wharf**s**	*Kais*

PLURAL AUF –es, –a UND –i

analysis	→	analys**es**	*Analysen*
crisis	→	cris**es**	*Krisen*
hypothesis	→	hypothes**es**	*Hypothesen*
oasis	→	oas**es**	*Oasen*
bacterium	→	bacteri**a**	*Bakterien*
criterion	→	criteri**a**	*Kriterien*
phenomenon	→	phenomen**a**	*Phänomene*
radius	→	radi**i**	*Radien*

SUBSTANTIVE OHNE PLURAL
(+ VERB IM SINGULAR)

accommodation	*Unterkunft*	information	*Information(en)*
advice	*Rat(schlag)*	jewellery	*Schmuck*
baggage	*Gepäck*	knowledge	*Wissen*
bread	*Brot*	luggage	*Gepäck*
chaos	*Chaos*	money	*Geld*
courage	*Mut*	news	*Nachricht(en)*
damage	*Schaden*	permission	*Erlaubnis*
equipment	*Ausrüstung*	progress	*Fortschritt*
evidence	*Beweis*	research	*Forschung*
fun	*Spaß*	rubbish	*Müll*
furniture	*Möbel*	scenery	*Landschaft*
hair	*Haar*	traffic	*Verkehr*
homework	*Hausaufgabe(n)*	weather	*Wetter*

SUBSTANTIVE OHNE SINGULAR
(+ VERB IM PLURAL)

binoculars	*Fernglas*	pyjamas	*Schlafanzug*
braces	*Zahnspange*	scales	*Waage*
compasses	*Zirkel*	scissors	*Schere*
glasses	*Brille*	shears	*große Schere*
goggles	*Schutzbrille*	shorts	*Shorts*
headphones	*Kopfhörer*	spectacles	*Brille*
jeans	*Jeans*	thongs	*Tanga*
leggings	*Leggins*	tights	*Strumpfhose*
pajamas (AE)	*Schlafanzug*	tongs	*kleine Zange*
pants (AE)	*Hose*	trousers	*Hose*
pincers	*Kneifzange*	tweezers	*Pinzette*
pliers	*kleine Zange*		

Genitiv

GENITIV MIT -s

I saw Katie's dad mowing the lawn.
Ich habe Katies Vater beim Rasenmähen gesehen.

This is the girls' gym. *Das ist die Turnhalle der Mädchen.*

James's (oder James') cat went missing the other day.
James' Katze ist neulich verschwunden.

Have you seen today's paper anywhere?
Hast du die heutige Zeitung irgendwo gesehen?

The government's decision was widely criticised.
Die Entscheidung der Regierung wurde vielfach kritisiert.

GENITIV MIT OF

The colour **of** the walls in our classroom is light green.
Die Farbe der Wände in unserem Klassenzimmer ist hellgrün.

What's the name **of** the street you live in again?
Wie ist nochmal der Name der Straße, in der du wohnst?

GEBRAUCH

➡ Der Genitiv mit **-s** wird vor allem für Personen, Tiere und Länder verwendet, aber auch für Zeitangaben, Gemeinschaften und manchmal Fahrzeuge sowie einige feststehende Wendungen wie **For Heaven's sake!** *Um Gottes Willen!*

➡ Der Genitiv mit **of** wird bei Sachen und Sachverhalten gebraucht.

Groß- und Kleinschreibung

GROSS GESCHRIEBEN WERDEN:

→ **Eigennamen:** William Shakespeare, Emily Brontë
→ **Titel:** Queen Victoria, the British Prime Minister
  Aber: He was a very popular prime minister.
→ **Namen als Institutionen:** Whitehall, 10 Downing Street
→ **Institutionen:** MI5, British Rail
→ **Öffentliche Gebäude:** the Globe Theatre, the Tate Gallery
→ **Länder:** Enland, the Netherlands, Germany
→ **Länderadjektive:** English, Dutch, German, z. B. a German car
→ **Städte:** Plymouth, Northampton
→ **Straßennamen:** 35 London Road
→ **Regionen:** Western Europe, the Middle East
→ **Flüsse:** the Humber, the Rhine River
→ **Gebirge und Gebirgsketten:** Ben Nevis, Mt McKinley
→ **Religionen:** Christianity, Buddhism
→ **Ideologien u. Ä. mit Eigennamen:** Marxism, Thatcherism
→ **Sternenkonstellationen:** the Great Bear, the Southern Cross
→ **Sternkreiszeichen:** Capricorn, Virgo
→ **Tagesnamen:** Monday, Tuesday
→ **Feiertage:** Easter Sunday, New Year's Day
→ **Monatsnamen:** January, February
  Aber klein: Jahreszeiten: summer, winter
→ **Epochen:** the Middle Ages, the Renaissance
→ **Welten:** the New World, the Old World
→ **Film- und Buchtitel:** The Lord of the Rings
→ I *ich*
  Aber klein: you, he, she it, we, they
→ **Vereine:** Arsenal London, Leeds Rhinos
→ **Abkürzungen:** UK, CIA

Artikel

Der bestimmte Artikel

My sister is in **the** garten. *Meine Schwester ist im Garten.*

The elephant is the largest land animal. *Der Elefant ist das größte Landtier.*

It's our duty to help **the poor** in this world.
Es ist unsere Pflicht, den Armen dieser Welt zu helfen.

The Carltons next door haven't got any children.
Die Carltons von nebenan haben keine Kinder.

FORMEN

the dog	*der Hund*	**the** [ði] apple	*der Apfel*
the cat	*die Katze*	**the** [ði] hour	*die Stunde*
the pig	*das Schwein*	**the** [ði] eagle	*der Adler*
the children	*die Kinder*	**Aber:** the [ðə] uniform	die *Uniform*

GEBRAUCH

➡ Der bestimmte Artikel **the** [ðə] ist unveränderlich für alle Geschlechter, Fälle, Singular und Plural.

➡ Im BE sagt man vor gesprochenen Vokalen [ði].

➡ für einzigartige oder ganz bestimmte Dinge, z. B. **the** sea, **the** sky

➡ für einzelne Personen oder Dinge, die eine Gruppe repräsentieren

➡ **the + Adjektiv** für spezielle Gruppen von Menschen

➡ für einige Länder, Wüsten und Gebirge, z. B. **the** Netherlands, **the** United States, **the** Sahara, **the** Alpes

➡ für Familien und einige Musikbands, z. B. **The** Smiths, **The** Beatles

Der unbestimmte Artikel

When I'm grown up I want to become **a** rock star.
Wenn ich erwachsen bin, möchte ich Rockstar werden.

A pet (= all pets) needs a lot of care. *Ein Haustier braucht viel Fürsorge.*

There's **a** Ms Boylston calling from Birmingham.
Da ist eine Frau Boylston aus Birmingham am Apparat.

What a pretty baby!	**Such a** nice dog!
Was für ein schönes Baby!	*Was für ein netter Hund!*

FORMEN

a dog	*ein Hund*	**an** [ən] apple	*ein Apfel*
a cat	*eine Katze*	**an** [ən] hour	*eine Stunde*
a pig	*ein Schwein*	**Aber**: a [ə] uniform	*eine Uniform*

GEBRAUCH

➡ Der unbestimmte Artikel **a** [ə] ist unveränderlich für alle Geschlechter und Fälle.

➡ Im Plural verwendet man Angaben wie **all, many, some** usw.

➡ Vor gesprochenen Vokalen sagt man **an** [ən].

➡ Anders als im Deutschen steht vor Berufen meist der unbestimmte Artikel.

➡ für einzelne Personen oder Dinge, die eine Gruppe repräsentieren

➡ für **a/pro** bei Angaben mit Zahlen: **twice a day, £5 a litre** usw.

➡ für unbekannte Personen

➡ für Ausrufe wie **What a ... !/Such a ...!** *Was für ein/e ...!* (nur im Singular)

Wörter ohne Artikel

➡ **unzählbare Wörter:** water, air, space

➡ **abstrakte Wörter:** love, society, English literature

➡ **Länder und Planeten:** Germany, England, Venus, Jupiter

➡ **Institutionen:** at/from/in/to school, at university, in prison

➡ **Fortbewegungsmittel:** by bus, by train, by plane, on foot

➡ **viele öffentliche Gebäude:** Buckingham Palace, Windsor Castle
   Aber: the British Museum, the Tower of London

➡ **Flughäfen und Bahnhöfe:** Gatwick Airport, Paddington Station

➡ **Fernsehen:** on TV
   Aber: on/to the radio, on the Internet

➡ **Mahlzeiten:** for breakfast, at lunch

➡ **einige Krankheiten:** measles, chickenpox
   Aber: the flu

➡ **Substantive mit Zahlen:** on platform 12, at gate 3A

➡ **Namen:** I saw Jackie the other day.

➡ **feststehende Wendungen**, z. B.: in bed, to work, at home

Wörter mit Artikel

→ **spezielle Dinge:** the cat next door

→ **Einzeldinge:** the environment, the sea, the sky

→ **Gruppen:** the rich, the unemployed, the French

→ **Berufe und Religionen:** He's an architect./She's a Hindu.

→ **einige Länder:** the United Kingdom, the Bahamas, the Gambia

→ **Nationalitäten:** I'm (a) Canadian./the Irish/the Germans

→ **Schiffe:** the Queen Elizabeth II

→ **Flüsse und Kanäle:** the Thames, the English Channel

→ **Ozeane:** the Atlantic Ocean

→ **nach with und without:** You can't get to us without a car.

→ **unbekannte Personen:** a Mrs Brand

→ **Konstruktionen mit of:** the music of the 21st century

Pronomen

Personalpronomen

Where did **you** see Jane? – **I** saw **her** in a café.
Wo hast du Jane gesehen? – Ich habe sie in einem Café gesehen.

Who's there? – It's **me**! *Wer ist da? – Ich bin's!*

Can you show **me/Mr Henderson** the book?
Kannst du mir/Herrn Henderson das Buch zeigen?

Show the ticket **to** the attendant. *Zeig dem Aufseher dein Ticket.*

FORMEN

Subjekt		Objekt	Dativ/Akkusativ
I	*ich*	me	*mir/mich*
you	*du/Sie*	you	*dir/dich – Ihnen/Sie*
he/she/it	*er/sie/es*	him/her/it	*ihm/ihn – ihr/sie*
we	*wir*	us	*uns/uns*
you	*ihr*	you	*euch/euch – Ihnen/Sie*
they	*sie*	them	*ihnen/sie*

GEBRAUCH

➡ Es gibt nur ein Pronomen für Dativ und Akkusativ.

➡ **It** verwendet man für Dinge, auch wenn sie im Deutschen ein weibliches oder männliches Geschlecht haben, z. B. **the bag** → it.

➡ Nach **It is/was ...** wird das Objektpronomen verwendet.

➡ Bei zwei Objekten steht das Dativpronomen (oder eine Person) vor dem Akkusativobjekt; ansonsten steht – anders als im Deutschen – das Akkusativobjekt vor dem Dativobjekt, das dann mit **to** oder **for** angeschlossen wird.

Unbestimmte Personalpronomen

YOU

You should always lock your bicycle.
Man/Du solltest immer sein/dein Fahrrad abschließen.

ONE

One cannot know everything, can **one**? *Man kann nicht alles wissen, nicht wahr?*

One's parents can be quite demanding at times.
Die Eltern von einem können manchmal ziemlich anstrengend sein.

One should not lie to **oneself**. *Man sollte sich selbst nicht belügen.*

THEY

They should stop discussing and start acting.
Die/Sie sollten aufhören zu diskutieren und anfangen zu handeln.

GEBRAUCH

→ Die unbestimmten Personalpronomen verwendet man für Verallgemeinerungen.

→ **One** ist formaler als **you**; beide beziehen den Sprecher mit ein und werden häufig mit *man* oder *du* übersetzt.

→ **One**, **you** und **they** werden nicht verwendet, wen man von konkreten Situationen oder Personen spricht.

→ **They** benutzt man für eine Gruppe, ohne zu sagen, wen man genau meint, z. B. die Nachbarn oder die Regierung; der Sprecher selbst bezieht sich nicht mit ein.

Possessivpronomen

My father is a teacher and **your** father is a lawyer.
Mein Vater ist Lehrer und dein Vater ist Anwalt.

Whose car is this? Is it **yours**? – No, it's not **mine**, it's Pete's.
Wessen Auto ist das? Ist das deins? – Nein, es ist nicht meins, es ist Petes.

She's an old friend of **ours**. *Sie ist eine alte Freundin von uns.*

POSSESSIVPRONOMEN MIT SUBSTANTIV

my	*mein/e*
your	*dein/e – Ihr/e*
his/her/its	*sein/e – ihr/e*
our	*unser/e*
your	*euer/eure – Ihr/e*
their	*ihr/e*

ALLEINSTEHENDE POSSESSIVPRONOMEN

mine	*meiner/e/s – von mir*
yours	*deiner/e/s, Ihr/e/s – von dir, von Ihnen*
his/hers/its	*seiner/e/s, ihr/e/s – von ihm, von ihr*
ours	*unser/e/s – von uns*
yours	*euer, eure/s, Ihr/e/s – von euch*
theirs	*ihr/e/s – von ihnen*

GEBRAUCH

➡ Possessivpronomen stehen vor Substantiven und geben ein Besitz-verhältnis an.

➡ Alleinstehende Possessivpronomen heißen so, weil nach ihnen kein Substantiv folgt.

Reflexivpronomen

I cut **myself** peeling potatoes. (*Nicht*: I cut *me* ...)
Ich habe mich beim Kartoffelschälen geschnitten.

Are you sure you know **yourself**? *Bist du sicher, dass du dich selbst kennst?*

I caught my sister talking to **herself**.
Ich habe meine Schwester dabei erwischt, wie sie mit sich selbst sprach.

I don't mind being **by myself**. *Ich habe nicht dagegen, allein zu sein.*

FORMEN

myself	*mir/mich (selbst)*
yourself	*dir/dich (selbst)*
himself/herself/itself	*sich (selbst)*
oneself	*sich (selbst) – allgemein*
ourselves	*uns (selbst)*
yourselves	*euch (selbst)*

GEBRAUCH

➡ Reflexivpronomen sind rückbezüglich und werden verwendet, wenn bei einer Handlung Subjekt und Objekt identisch sind.

➡ Der Plural ist **-selves**; die Form **ourself**, die für Gruppen im Allgemeinen Verwendung findet, in die man sich selbst als Individuum einbezieht – z. B. Aren't we supposed to love our neighbour as ourself? – wird von vielen als falsch erachtet.

➡ **By + Reflexivpronomen** bedeutet *allein*.

Reziproke Pronomen

They were looking at **each other/one another**.
Sie schauten sich gegenseitig/einander an.

> **Aber:** They were looking at **themselves** in the mirror.
> *Sie schauten sich selbst im Spiegel an.*

They trod on **each other's/one another's** toes.
Sie traten sich gegenseitig auf die Zehen.
(Auch: Sie traten sich gegenseitig auf den Schlips.)

They last talked to **each other/one another** in 2010.
Sie haben 2010 zum letzten Mal miteinander gesprochen.

> **Aber:** They last met in 2010. *Sie haben sich 2010 das letzte Mal getroffen.*

GEBRAUCH

➡ Wendungen mit *sich* sind im Deutschen häufig doppeldeutig: Im Englischen macht man einen Unterschied, ob man eine Handlung mit *sich selbst* oder *einander* bzw. *gegenseitig* ausführt.

➡ Zwischen **each other** und **one another** ist kein Unterschied; **one another** ist etwas förmlicher.

➡ Beide können im Genitiv verwendet werden.

➡ Bei den Verben **to meet** und **to marry** verwendet man die reziproken Pronomen nicht.

Demonstrativpronomen

This hoodie costs twice as much as the one you're wearing.
Dieses Kapuzenshirt kostet doppelt so viel wie das, das du trägst.

I got home late on 13 May. It was raining hard **that** night.
Am 13. Mai kam ich spät nach Hause. Es regnete stark an jenem Abend.

This is my pencil.	**That** smells really nice.
Das ist mein Bleistift.	*Das riecht wirklich gut.*

Can I have one of **those** over there, please?
Kann ich bitte einen von denen dort drüben haben?

This is my old friend Sarah. *Das ist meine alte Freudin Sarah.*

Hello, is **that** Maggie speaking? – AE: Yes, **this is** she.
Hallo, spreche ich mit Maggie? – Ja, am Apparat.

FORMEN

Singular	this	*diese/r/s (hier)*	that	*jene/r/s (dort)*
Plural	these	*diese (hier)*	those	*jene (dort)*

GEBRAUCH

→ **this/these** für Näherliegendes – **that/those** für weiter entfernt Liegendes (vom Sprechenden aus gesehen)

→ Die Demonstrativpronomen werden mit oder ohne Substantiv gebraucht.

→ Die Wendung **this is ...** wird zur Vorstellung von Personen und auch am Telefon verwendet.

Interrogativpronomen

When did you call her? *Wann hast du sie angerufen?*

Why aren't there any books in your bookshelf?
Warum sind da keine Bücher in deinem Bücherregal?

Where can I buy stamps around here? *Wo kann ich hier Briefmarken kaufen?*

Whose jersey is this?   **How** old is it?
Wessen Trikot ist das?   *Wie alt ist es?*

Who talked to you?   **Who did** you talk to?
Wer sprach mit dir?   *Mit wem hast du gesprochen?*

FORMEN

what	*was?*	who	*wer?* – **who(m)** *wen?, wem?*
when	*wann?*	whose	*wessen?*
where	*wo?*	why	*warum?*
which	*welche/r/s?*	how	*wie?*

GEBRAUCH

→ Bei Vollverben steht meist **do/does/did** hinter dem Pronomen (Vorsicht bei **who** und **what**).

→ **who** + Vollverb *wer?* – **who(m)** + **do/does/did** *wem?/wen?*
  Achtung: Die to do-Form kann auch als Vollverb verwendet werden,
  z. B. **Who did that?** *Wer hat das getan?*

→ Nach **how** kann auch ein Adjektiv stehen.

→ **What** kann auch mit Vollverb ohne to do-Form verwendet werden.

Adjektive

Beispiele und Gebrauch

My **little** sister is quite **small** for her age.
Meine Schwester ist ziemlich klein für ihr Alter.

The gap between **the rich** and **the poor** is widening.
Die Kluft zwischen den Reichen und den Armen vergrößert sich.

Everybody was **bored** because the film was so **boring**.
Alle waren gelangweilt, weil der Film so langweilig war.

Even when the fire broke out everybody **stayed calm**.
Auch als das Feuer ausbrach, blieben alle ruhig.

She's **Irish** and speaks **Spanish** fluently.
Sie ist Irin und spricht fließend Spanisch.

Your coffee **tastes wonderful**. *Dein Kaffee schmeckt wundervoll.*

GEBRAUCH

➡ Adjektive sind unveränderlich.

➡ Sie stehen fast immer vor Substantiven (nur in Ausnahmen allein und dann mit direktem Artikel) oder nach einer Form von **to be.**

➡ Present Participle (**-ing**) und Past Participle (**-ed**) können ebenfalls als Adjektive verwendet werden.

➡ Nach **to become, to keep, to remain, to stay, to turn** sowie den Verben der Sinneswahrnehmung folgt meist ein Adjektiv und kein Adverb.

➡ Länderadjektive schreibt man immer groß.

Steigerungen

Is it **colder** in Scotland than in Ireland? *Ist es in Schottland kälter als in Irland?*

He's the **friendliest** person I've ever met.
Er ist der freundlichste Mensch, den ich je kennengelernt habe.

His new girlfriend is **much older than** he is/him.
Seine neue Freundin ist viel älter als er.

The green sofa is **more comfortable** than the red one.
Das grüne Sofa ist bequemer als das rote.

FORMEN

Einsilbige	-er/-est	rich/rich**er**/rich**est**
Zweisilbige auf -y	-er/-est	busy/busi**er**/busi**est**
Zweisilbige	more/most	often/**more** often/**most** often
Dreisilbige	more/most	difficult/**more** difficult/**most** difficult

GEBRAUCH

➡ Die Formen **-er** und **-est** werden an das Adjektiv angehängt; **more** und **most** vorangestellt; ein **-y** am Ende wird zu **-i.**

➡ Bei Adjektiven mit **kurzem Vokal + Konsonant** wird der Konsonant wiederholt, thi**n** → thi**nn**er.

➡ Vergleiche: ... **than** = ... *als*/**as** ... **as** = *so ... wie*

Unregelmäßige Steigerungen

Which city is **farther/further** from London: Glasgow or Edinburgh?
Welche Stadt ist weiter entfernt von London: Glasgow oder Edinburg?

Is India **further** developed than Pakistan?
Ist Indien weiter entwickelt als Pakistan?

Who's **the eldest** in your class?
Wer ist die oder der Älteste/am ältesten in deiner Klasse?

I paid **less than** you. = I **didn't** pay **as much as** you.
Ich zahlte weniger als du. = Ich zahlte nicht so viel wie du.

FORMEN

Positiv	Komparativ	Superlativ
bad	worse	worst
far	farther	farthest (nur für Entfernungen)
far	further	furthest (Entfernungen/übertragen)
good	better	best
little	less	least
many	more	most
much	more	most
old	elder	eldest (nur für Menschen)
old	older	oldest (Menschen und Sachen)

GEBRAUCH

- Man verwendet **elder** meist vor Substantiven (**my elder/eldest sister**); bei Vergleichen heißt es **older** (**She is older than I am/me.**).

- Wie im Deutschen kann man den bestimmten Artikel **the** vor den Superlativ setzen.

Adverbien

Beispiele und Gebrauch

She opened the window **carefully**. *Sie öffnete vorsichtig das Fenster.*

I'm **terribly** sorry. *Es tut mir schrecklich leid.*

He didn't do his homework **yesterday**.
Er hat gestern seine Hausaufgaben nicht gemacht.

I **never** drink black coffee in the morning.
Ich trinke nie schwarzen Kaffee am Morgen.

Chelsea played **well** today. *Chelsea hat heute gut gespielt.*

I check my emails **daily**. *Ich überprüfe meine E-Mails täglich.*

GEBRAUCH

➡ Adverbien sind unveränderlich.

➡ Es gibt Adverbien der Art und Weise, von Ort, Zeit und Richtung, des Grades sowie der Häufigkeit.

➡ Adverbien können sich auf Verben, Adjektive, Adverbien oder ganze Sätze beziehen.

➡ Viele Adverbien bildet man durch Anhängen von **-ly** ans Adjektiv.

➡ Das Adverb von **good** heißt **well.**

➡ Zeitadjektive auf **-ly** (z. B. **daily, weekly**) können als Adverbien verwendet werden; andere auf **-ly** (z. B. **friendly, lonely**) nicht.

Steigerungen

This is **easier** said than done. *Das ist leichter gesagt als getan.*

Could you speak a bit **more slowly**, please?
Könnten Sie bitte etwas langsamer sprechen?

The test was much **harder than** we thought.
Der Test war viel schwerer als wir dachten.

Martha plays the saxophone **as beautifully as** Carol.
Martha spielt so schön Saxophon wie Carol.

FORMEN

Einsilbige	-er/-est	hard/hard**er**/hard**est**
Zweisilbige	more/most	quickly/**more** quickly/**most** quickly
Ausnahmen	-er/-est	easy/eas**ier**/eas**iest** (auch early)
Dreisilbige	more/most	carefully/**more** carfully/**most** carfully

UNREGELMÄSSIGE STEIGERUNGEN

Adverb	Komparativ	Superlativ
badly	worse	worst
far	farther/further	farthest/furthest
well	better	best
little	less	least
much	more	most

GEBRAUCH

➡ Die Formen **-er** und **-est** werden an das Adverb angehängt; **more** und **most** vorangestellt; ein **-y** am Ende wird zu **-i**.

➡ Vergleiche: ... **than** = ... *als*/**as** ... **as** = *so ... wie*

Ausnahmen

➡ **Adjektiv:**　This is a **hard** matress. *Das ist eine harte Matratze.*
➡ **Adverb:**　He hit the ball **hard**. *Er drosch den Ball hart.*
➡ **Adverb:**　She could **hardly** walk. *Sie konnte kaum gehen.*

ADJEKTIV = ADVERB

back	*hintere, zurück*	little	*klein, wenig, kaum*
close	*nah, nahe*	long	*lang*
deep	*tief*	low	*tief, niedrig, leise*
direct	*direkt*	near	*nah*
fair	*fair, gerecht*	pretty	*hübsch, ziemlich*
far	*weit*	right/left	*rechts/links*
fast	*schnell*	sharp	*scharf, genau*
free	*frei, kostenlos*	short	*kurz*
hard	*hart, kräftig, viel*	still	*still, ruhig, trotzdem, noch*
high	*hoch*	straight	*gerade, direkt*
ill	*krank, schlecht*	well	*gesund, gut*
just	*gerecht, einfach*	wide	*weit, breit*
late	*spät*	wrong	*falsch, ungerecht*

➡ **Aber:**

deeply	*sehr*	lately	*in letzter Zeit*
fairly	*ziemlich*	nearly	*zutiefst*
hardly	*kaum*	shortly	*in Kürze*
highly	*äußerst*	widely	*viel, weit*

GEBRAUCH

➡ Einige Adverbien kann man nicht vom Adjektiv unterscheiden.

➡ Von diesen haben einige eine Adverbialform auf **-ly** mit einer anderen Bedeutung.

Adverbien der Art und Weise/des Grades

ADVERBIEN DER ART UND WEISE

accidentally	*zufällig*	perfectly	*vollkommen*
angrily	*wütend*	punctually	*pünktlich*
anxiously	*ängstlich*	quietly	*ruhig*
beautifully	*schön*	rapidly	*schnell*
bravely	*tapfer*	really	*wirklich*
carefully	*vorsichtig*	regularly	*regelmäßig*
carelessly	*sorglos*	repeatedly	*wiederholt*
cautiously	*vorsichtig*	roughly	*ungefähr*
cheerfully	*fröhlich*	sadly	*traurig*
clearly	*deutlich*	safely	*sicher*
courageously	*mutig*	secretly	*heimlich*
easily	*leicht*	selfishly	*egoistisch*
faithfully	*ehrlich*	sensibly	*vernünftig*
fast	*schnell*	seriously	*ernst*
generously	*großzügig*	silently	*leise*
gently	*sanft*	slowly	*langsam*
happily	*fröhlich*	successfully	*erfolgreich*
hard	*hart, schwer*	suddenly	*plötzlich*
honestly	*ehrlich*	thoughtfully	*nachdenklich*
nervously	*nervös*	violently	*gewaltsam*
patiently	*geduldig*	wearily	*erschöpft, müde*

ADVERBIEN DES GRADES

almost	*fast*	rather	*eher, ziemlich*
deeply	*äußerst*	really	*wirklich*
enough	*ausreichend*	totally	*total*
entirely	*völlig*	somewhat	*etwas*
hardly	*kaum*	utterly	*absolut*
nearly	*fast*	virtually	*praktisch*

Adverbien der Zeit/ Regelmäßigkeit/Häufigkeit

ADVERBIEN DER ZEIT

after	nach	last	zuletzt
already	schon	late	spät, verspätet
before	vor	lately	neulich, kürzlich
early	früh(zeitig)	previously	vorher
finally	schließlich	recently	kürzlich
first	zuerst	soon	bald
formerly	früher	still	noch
just	gerade	yet	bisher

ADVERBIEN DER REGELMÄSSIGKEIT

annually	(all)jährlich	daily	täglich
hourly	stündlich	nightly	jede Nacht

ADVERBIEN DER HÄUFIGKEIT

always	immer	occasionally	gelegentlich
ever	immer, je(mals)	often	oft, häufig
frequently	häufig	permanently	dauerhaft
generally	gewöhnlich	rarely	selten
never	nie(mals)	sometimes	manchmal
normally	normalerweise	usually	gewöhnlich

Adverbiale Phrasen der Zeit

on Monday	*am Montag*	on Mondays	*montags*
in January	*im Januar*	in spring	*im Frühling*
in 2010	*(im Jahr) 2010*	this week	*diese Woche*

a week from now	*heute in einer Woche*
in a month's time	*in einem Monat*
the day before yesterday	*vorgestern*
the day after tomorrow	*übermorgen*

Mengen-angaben

some/any

SOME

Could you get **some** bread on your way home?
Könntest du auf deinem Weg nach Hause Brot besorgen?

Would you like **some** honey in your tea?
Möchtest du etwas Honig in deinen Tee?

I'll take **some of these** biscuits, please.
Ich hätte gern ein paar von diesen Plätzchen.

Some people never learn. *Manche Leute lernen es nie.*

ANY

Is there **any** sugar left? *Ist noch Zucker übrig?*

Any student who's caught smoking on campus will be punished.
Jeder Student, der beim Rauchen auf dem Campus erwischt wird, wird bestraft.

GEBRAUCH

- **Some** *einige/ein paar, etwas* und **any** *einige, irgendwelche* können vor zählbaren und unzählbaren Substantiven stehen.

- **some**: in Aussagesätzen und höflichen Fragen und Angeboten

- **any**: in Fragen und negativen Sätzen

- **Some/any** können mit **this, these** usw. verbunden werden.

much, many, a lot of

MUCH

I haven't got **much** money at the moment. *Im Moment habe ich nicht viel Geld.*

Did you eat too **much** last night? *Hast du gestern Abend zu viel gegessen?*

MANY

How **many** students are there in your English class?
Wie viele Schüler sind in deiner Englischklasse?

You've got a million friends – I haven't got **many**.
Du hast eine Million Freunde; ich habe nicht viele.

A LOT OF (LOTS OF/BE AUCH: LOADS OF)

Aunt Bertha has **a lot of** books in her living room.
Tante Berta hat viele Bücher in ihrem Wohnzimmer.

We ate **loads of** ice cream for desert.
Wir haben massenhaft Eis zum Nachtisch gegessen.

GEBRAUCH

- ➡ **much** *viel* vor unzählbaren Substantiven im Singular
- ➡ **many** *viele* vor zählbaren Substantiven im Plural
- ➡ **Much/many** können auch allein stehen, wenn klar ist, was gemeint ist.
- ➡ **Much/many** stehen häufig in negativen Sätzen und Fragen; in positiven Sätzen verwendet man eher **a lot of**.
- ➡ **a lot of** *viel/viele* für zählbare und unzählbare Substantive

little/few

LITTLE

I have **little** interest in your stories.
Ich habe wenig Interesse an deinen Geschichten.

I remember very **little** of what he told me.
Ich erinnere mich nur an wenig von dem, was er mir erzählte.

He speaks **little** or no English. *Er spricht wenig bis gar kein Englisch.*

His wife, however, knows **a little** English.
Seine Frau jedoch kann ein wenig Englisch.

FEW

Few club members attended the meeting.
Wenige Klubmitglieder besuchten die Versammlung.

Few of us know the name of the Home Secretary.
Wenige von uns kennen den Namen des Innenministers.

Quite **a few of** my friends have already been to the US.
Etliche meiner Freunde sind schon in den USA gewesen.

GEBRAUCH

→ **little** *wenig* vor unzählbaren Substantiven im Singular

→ **few** *wenige* vor zählbaren Substantiven im Plural

→ Setzt man den unbestimmten Artikel **a** vor **little** oder **few**, so wird aus der geringen Menge eine größere Anzahl.

each/every

EACH

Each student was given a different test.
Jedem Schüler wurde ein anderer Test gegeben.

She was holding three apples in **each** hand. *Sie hielt drei Äpfel in jeder Hand.*

We **each** brought our own dictionary.
Wir brachten jeder unser eigenes Wörterbuch mit.

We see them **each/every** year in August. *Wir sehen sie jedes Jahr im August.*

EVERY

Dad goes to work at 7.30 **every** morning.
Papa geht jeden Morgen um 7:30 Uhr zur Arbeit.

We took a break **every** four hours. *Alle vier Stunden machten wir eine Pause.*

Not every child has **their** own room. *Nicht jedes Kind hat sein eigenes Zimmer.*

GEBRAUCH

- ➡ **Each** *jede/r/s* betont das Einzelne in einer Gruppe von zwei oder mehreren Personen oder Dingen.

- ➡ **Every** *jede/r/s, alle* betont die Gesamtheit einer Gruppe von drei oder mehreren Personen oder Dingen.

- ➡ Nur vor **every** kann **almost**, **nearly** und **not** stehen.

- ➡ Nach **every + Person** steht **his/her** oder eleganter **their.**

all, everybody/everyone, everything

ALL

Not **all** children love ice cream. *Nicht alle Kinder mögen Eis.*

All (of) my relatives had come to my party.
Alle meine Verwandten waren zu meiner Party gekommen.

We spent **all** day on the beach. *Wir verbrachten den ganzen Tag am Strand.*

This is **all (that)** I can say. *Das ist alles, was ich sagen kann.*

EVERYBODY/EVERYONE

Did **everyone** enjoy the show? *Gefiel jedem/allen die Show?*

EVERYTHING

Everything was fine.   She told him **everything**.
Alles war in Ordnung.   *Sie hat ihm alles erzählt.*

Aber: She told him **all (that)** he needed to know.
Sie sagte ihm alles, was er wissen musste.

GEBRAUCH

➡ **All (of the/of)** *alle* steht vor Substantiven oder Pronomen.

➡ **Everybody** *jeder* steht allein als Subjekt oder Objekt.

➡ **All** *alles* steht in der Konstruktion mit **that**, das jedoch meist weggelassen wird.

➡ **Everything** *alles* steht allein als Subjekt oder Objekt.

nobody/no one, none/nothing

NOBODY/NO ONE (BE AUCH: NO-ONE)

Nobody answered the phone when I called.
Niemand ist ans Telefon gegangen, als ich anrief.

There was **no one** in the lecture hall. *Niemand war im Hörsaal.*

NONE/NOTHING

None of my friends was able to solve the problem.
Keiner meiner Freunde konnte die Aufgabe lösen.

Half a loaf is better than **none**. *Ein halbes Brot ist besser als gar keins.*

I wanted to buy potatoes but there were **none** left.
Ich wollte Kartoffeln kaufen, aber es gab keine mehr.

Is there any more tea? – No, **none** at all.
Gibt's noch Tee? – Nein, überhaupt keinen mehr.

There was **nothing** left in the fridge. *Da war nichts mehr im Kühlschrank.*

GEBRAUCH

- ➡ **Nobody** und **no one** *keiner, niemand* sind Synonyme; sie können Subjekt oder Objekt eines Satzes sein; sie stehen aber nicht in Verbindung mit **not** und nie vor **of.**

- ➡ **None** *kein/e/r/s* kann vor **of** stehen.

- ➡ **nothing** *nichts*

both, either/neither

BOTH

They **both** called me last night. *Sie haben mich beide gestern Abend angerufen.*

For your driving test you need **both** patience **and** luck.
Für deine Fahrprüfung brauchst du sowohl Geduld als auch Glück.

EITHER/NEITHER

Could **either** of you help me with my homework?
Könnte mir einer von euch beiden bei meinen Hausaufgaben helfen?

I asked both of my sisters if they wanted to play cards with me but **neither (of them)** felt like it.
Ich habe meine beiden Schwestern gefragt, ob sie mit mir Karten spielen würden, aber keine (von beiden) hatte Lust dazu.

I don't feel like going to the gym today. – **Neither do I.**
Ich habe heute keine Lust, ins Fitnessstudio zu gehen. – Ich auch nicht.

GEBRAUCH

- ➡ **both** *beide/s* für zwei Personen oder Dinge

- ➡ **either** *jede/r/s von zweien* hebt den Einzelaspekt hervor

- ➡ **neither** *keine/r/s von beiden*, wenn beides nicht zutrifft

- ➡ **both ... and** *sowohl ... als auch*/**either ... or** *entweder ... oder*/**neither ... nor** *weder ... noch*

- ➡ **Neither do I** und **Me neither** verwendet man nach negativen Sätzen; sie bedeuten *Ich auch nicht.*

Zeitformen des Verbs

Present (simple)

Many teenagers **write** more than 50 text messages per day.
Viele Teenager schreiben mehr als 50 SMS pro Tag.

Even in Australia the sun **doesn't set** in the east.
Sogar in Australien geht die Sonne nicht im Osten unter.

He slowly **gets up** from the chair, **walks over** to the cupboard and **takes out** a blue cereal bowl.
Er erhebt sich langsam von seinem Stuhl, geht hinüber zum Küchenschrank und nimmt eine blaue Müslischale heraus.

The train **arrives** at 9.15 tonight. *Der Zug kommt um 21:15 Uhr an.*

BILDUNG

I/you/we/they mit **Infinitiv** – he/she/it mit **Infinitiv + -s**

FRAGEN

I/you/we/they mit **do** – he/she/it mit **does**

VERNEINUNG

I/you/we/they mit **do not (don't)**
he/she/it mit **does not (doesn't)**

GEBRAUCH

➡ für regelmäßige Handlungen und Gewohnheiten in der Gegenwart

➡ für allgemeingültige Tatsachen und Fakten

➡ Erzählzeit für Geschichten in der Gegenwart

➡ **Zukunft**: für Zeit- und Fahrpläne mit genauen Zeitangaben

Present (progressive)

What **are** you **doing**? – I'**m watching** my favourite show.
Was machst du gerade? – Ich schaue meine Lieblingssendung.

Is **it raining** outside? – No, it isn't. *Regnet es draußen? – Nein.*

Are you still **reading** that novel? – Yes, I'm on page 536.
Liest du immer noch diesen Roman? – Ja, ich bin auf Seite 536.

She'**s seeing** him a lot these days. *Sie trifft sich zurzeit häufig mit ihm.*

We'**re meeting** in front of the computer shop around 6 pm.
Wir treffen uns gegen 18:00 Uhr vor dem Computerladen.

BILDUNG

alle Personen mit **to be-Form (am, are, is)** ... + **-ing-Form**

FRAGEN

alle Personen mit **to be-Form** ... + **-ing-Form**

VERNEINUNG

alle Personen mit Verneinung der **to be-Form** mit not: **aren't**, **isn't**

GEBRAUCH

- für gegenwärtig ablaufende Handlungen
- für nicht abgeschlossene Handlungen (auch wenn sie im aktuellen Moment nicht geschehen)
- **Zukunft**: für fest abgemachte Vereinbarungen

Zustandsverben

How long **have** you **known** each other? *Wie lange kennt ihr euch schon?*

What does this word **mean**? *Was bedeutet dieses Wort?*

Who/Whom does this book **belong** to? *Wem gehört dieses Buch?*

What do you **think**? *Was meinst/denkst du?*

> **Aber**: What **are** you **thinking** about? *Worüber denkst du gerade nach?*

I **have** three sisters. (Zustand)
Ich habe drei Schwestern.

We**'re having** breakfast. (Vorgang)
Wir frühstücken gerade.

GEBRAUCH

- ➡ Verben, die einen Zustand und keine Aktivität ausdrücken, werden selten oder nie in der Progressivform verwendet.

- ➡ Dazu gehören vor allem Kopfverben, z. B. **to agree, to doubt, to know, to mean, to seem, to suppose,** Sinnes- und Gefühlsverben, z. B. **to detest, to fear, to mind, to smell, to taste** und Besitzverben, z. B. **to belong, to own, to possess.**

- ➡ Im AE ist diese Regel weniger strikt als im BE.

- ➡ Einige Verben, wie **to have** und **to think**, werden in der Progressivform mit einer anderen Bedeutung verwendet.

Past (simple)

Last night I **went** to bed at 11 o'clock.
Gestern Abend bin ich um 23:00 Uhr zu Bett gegangen.

He **arrived** 5 minutes ago. *Er ist vor 5 Minuten angekommen.*

When I **was** a child, I **spent** every summer with my uncle.
Als Kind verbrachte ich jeden Sommer bei meinem Onkel.

He slowly **got up** from the chair, **walked over** to the cupboard and **took out** a blue cereal bowl.
Er erhob sich langsam von seinem Stuhl, ging hinüber zum Küchenschrank und nahm eine blaue Müslischale heraus.

BILDUNG

alle Personen mit derselben Form = **2. Form des Verbs**

FRAGEN

alle Personen mit **did**

VERNEINUNG

alle Personen mit **did not (didn't)**

GEBRAUCH

- für einzelne oder regelmäßige Handlungen und Zustände in der Vergangenheit, die abgeschlossen sind und keinen Bezug mehr zur Gegenwart haben

- Erzählzeit für Geschichten in der Vergangenheit

- häufig mit Zeitangaben wie **ago, yesterday, last …** oder genauem Datum oder Tag in der Vergangenheit

Past (progressive)

What **was** your dad **doing** last night around 8? – He **was mowing** the lawn.
Was hat dein Papa gestern Abend gegen 8 getan? – Er war gerade dabei, den Rasen zu mähen.

After supper, while my brother **was chatting** on the phone and my sister **was texting** non-stop some friend, I **was doing** the dishes.
Während mein Bruder nach dem Abendessen am Telefon schwatzte und meine Schwester irgendeiner Freundin nonstop SMS schrieb, machte ich den Abwasch.

We **were listening** to some music when the phone rang.
Wir hörten gerade Musik, als das Telefon klingelte.

BILDUNG

alle Personen mit **to be-Form (was, were) + -ing-Form**

FRAGEN

alle Personen mit **to be-Form ... + -ing-Form**

VERNEINUNG

alle Personen mit Verneinung der **to be-Form** mit not: **wasn't, weren't**

GEBRAUCH

- ➡ für Handlungen, die zu einem bestimmten Zeitpunkt in der Vergangenheit stattfanden und keinen Bezug zur Gegenwart haben
- ➡ für unabgeschlossene Handlungen in der Vergangenheit
- ➡ für Hintergrundhandlungen in der Vergangenheit, wenn eine neue Handlung (im Past simple) einsetzt

used to/would

When I was at school, I **used to** get up at 6 every morning.
Als ich (noch) in der Schule war, bin ich jeden Morgen um 6:00 Uhr aufgestanden.

There **used to** be a small supermarket next to the post office.
Neben der Post war früher ein kleiner Supermarkt.

She **didn't use** to wear trousers at school.
In der Schule hat sie für gewöhnlich keine Hosen getragen.

Did they **use** to go to Spain every summer?
Sind sie in jedem Sommer nach Spanien gefahren?

On cold winter evenings we **would** sit around the fire and listen to grandpa telling stories.
An kalten Winterabenden saßen wir immer am Feuer und hörten Opa beim Geschichtenerzählen zu.

BILDUNG

alle Personen mit **used to/would + Infinitiv**

GEBRAUCH

- **used to**: für Gewohnheiten und Zustände in der Vergangenheit, die heute nicht mehr stattfinden

- **would**: nur für regelmäßige Handlungen in der Vergangenheit

- Nach beiden Begriffen steht der Infinitiv.

- Die Übersetzung muss eine vergangene Gewohnheit ausdrücken und er folgt häufig mit *früher* oder *immer.*

Future (will)

The weather **will** be nice in August. *Im August wird das Wetter schön sein.*

Where are you going? – To the supermarket – I'**ll** be right back./I **won't be** long. *Wohin gehst du? – Zum Supermarkt; ich bin gleich (wieder) zurück.*

I'm sure the meeting **will** be postponed.
Ich bin sicher, dass das Treffen verschoben werden wird.

Will you help me, please? *Willst du mir bitte helfen?*

BILDUNG

alle Personen: **will + Infinitiv (ohne to)**

FRAGEN

alle Personen mit **will**

VERNEINUNG

alle Personen mit **will not (won't)**

GEBRAUCH

- → für allgemeine Voraussagen und Beschreibungen zukünftiger Ereignisse

- → bei spontanen Reaktionen und Entscheidungen

- → für Vermutungen (häufig mit Adverbien wie **perhaps, probably, maybe, I think, I'm sure** usw.)

- → Bei höflichen Fragen kann **will** auch *wollen* bedeuten.

Future (going to)

I am certainly not **going to** invite Paul to my party.
Mit Sicherheit werde ich Paul nicht zu meiner Party einladen.

Look at the black clouds – it**'s going to** rain any minute.
Schau dir die schwarzen Wolken an. Es wird gleich anfangen zu regnen.

Are you **going to** download his new song?
Wirst du dir seinen neuen Song herunterladen?

I **was going to** do the dishes, but then I forgot.
Ich wollte (eigentlich) den Abwasch machen, aber dann habe ich es vergessen.

BILDUNG

alle Personen mit **to be-Form + going to + Infinitiv**

FRAGEN

alle Personen mit **to be-Form … going to + Infinitiv**

VERNEINUNG

alle Personen mit Verneinung der **to be-Form**

GEBRAUCH

- ➡ für zukünftige Pläne und Absichten

- ➡ für unmittelbar bevorstehende Ereignisse, wenn man weiß, dass sie eintreten werden

- ➡ Die Vergangenheit **was/were going to** verwendet man um auszudrücken, dass man etwas tun wollte, es aber nicht getan hat.

Future (progressive)

Tomorrow morning I'**ll be sitting** in class **listening** to my teacher.
Morgen früh werde ich in der Klasse sitzen und meiner Lehrerin zuhören.

What **will** you **be doing** this time tomorrow?
Was wirst du morgen um diese Zeit tun?

We **won't be working** tomorrow – it's a bank holiday weekend.
Wir werden morgen nicht arbeiten; es ist ein langes Wochenende.

How long **will** you **be staying** in New York?
Wie lange werden Sie in New York bleiben?

I guess, I'**ll be going** home now. *Ich denke, ich werde jetzt mal nach Hause gehen.*

BILDUNG

alle Personen mit **will + be + -ing-Form**

FRAGEN

alle Personen mit **will ... be + -ing-Form**

VERNEINUNG

alle Personen mit **will not (won't) + be + -ing-Form**

GEBRAUCH

➡ für Handlungen, die zu einem zukünftigen Zeitpunkt gerade stattfinden werden

➡ für höfliche Aussagen für unmittelbar bevorstehende Aktivitäten

Present Perfect (simple)

I**'ve written** about 30 emails today. *Ich habe heute etwa 30 E-Mails geschrieben.*

We **haven't seen** Martha since she moved to Scotland.
Wir haben Martha nicht mehr gesehen, seit sie nach Schottland gezogen ist.

Has your grandmother **lived** in Bristol all her life?
Lebt deine Großmutter ihr ganzes Leben schon in Bristol?

They**'ve** just **returned** form a trip to the US.
Sie sind gerade von einer USA-Reise zurückgekommen.

BILDUNG

I/you/we/they mit **have + Past participle**
he/she/it mit **has + Past participle**

FRAGEN

I/you/we/they mit **have ... + Past participle**
he/she/it mit **has ... + Past participle**

VERNEINUNG

I/you/we/they mit **have not (haven't) + Past participle**
he/she/it mit **has not (hasn't) + Past participle**

GEBRAUCH

- für beendete Handlungen und Zustände, deren Wirkung noch aktuell ist (ohne Zeitangabe der Vergangenheit)

- für Handlungen und Zustände, die in der Vergangenheit angefangen haben und in der Gegenwart noch anhalten

Present Perfect (progressive)

She'**s been reading** the newspaper for hours.
Seit Stunden liest sie (schon) die Zeitung.

They'**ve** both **been studying** Spanish at university since 2017.
Sie studieren beide seit 2017 Spanisch an der Universität.

How long **has** it **been snowing**? *Wie lange schneit es schon?*

Why are you sweating? – I'**ve been running**.
Warum schwitzt du? – Ich war gerade Joggen.

BILDUNG

I/you/we/they mit **have + been + -ing-Form**
he/she/it mit **has + been + -ing-Form**

FRAGEN

I/you/we/they mit **have ... been + -ing-Form**
he/she/it mit **has ... been + -ing-Form**

VERNEINUNG

I/you/we/they mit **have not (haven't) + been + -ing-Form**
he/she/it mit **has not (hasn't) + been + -ing-Form**

GEBRAUCH

➡ für Handlungen, die in der Vergangenheit begonnen haben und in der Gegenwart noch anhalten oder gerade beendet wurden, aber noch Gültigkeit besitzen

➡ Die Zeitdauer wird häufig mit **since** oder **for** (beides *seit*) angegeben.

since/for

SINCE

They've been living in Bath **since** 2009. *Sie wohnen seit 2009 in Bath.*

Since when have you been feeling ill? *Seit wann fühlst du dich krank?*

I haven't seen her **since** high school.
Ich habe sie seit der High School nicht mehr gesehen.

FOR

They haven't talked to each other **for** years.
Sie haben seit Jahren nicht mehr miteinander geredet.

I've been waiting **for** 2 hours. *Ich warte (schon) seit 2 Stunden.*

GEBRAUCH

- **since** *seit* bei Angabe des Zeitpunkts (meist der Beginn einer Handlung oder eines Zustandes)

- häufig mit Angabe des genauen Tages, Monats oder Jahres, aber auch mit Phrasen wie **since I was born** *seit meiner Geburt* oder **since I was a child** *seit ich ein Kind war* usw.

- **for** *seit* bei Angabe des Zeitverlaufs, den eine Handlung oder ein Zustand bereits anhält

- häufig mit Angaben von Minuten, Stunden, Tagen usw., aber auch mit dem Ausdruck **for ages** *seit einer Ewigkeit/seit Ewigkeiten*

Past Perfect (simple)

My bike was stolen last night. I **had forgotten** to lock it.
Mein Fahrrad wurde letzte Nacht gestohlen. Ich hatte vergessen, es abzuschließen.

When we arrived at the airport, the plane from Atlanta **had** already **landed**.
Als wir am Flughafen ankamen, war das Flugzeug aus Atlanta bereits gelandet.

Luckily for Donna, the film had **not** yet **begun** when she arrived at the cinema.
Glücklicherweise hatte der Film noch nicht angefangen, als Donna im Kino ankam.

When I got home, I didn't know that everyone **had** already **left**.
Als ich nach Hause kam, wusste ich nicht, dass alle bereits fortgegangen waren.

BILDUNG

alle Personen mit **had + Past participle**

FRAGEN

alle Personen mit **had ... + Past participle**

VERNEINUNG

alle Personen mit **had not (hadn't) + Past participle**

GEBRAUCH

➡ für vergangene Handlungen und Zustände, die *vor* anderen Ereignissen in der Vergangenheit stattfanden

Past Perfect (progressive)

I **had been riding** my bike for hours when all of a sudden my tyre went flat.
Ich war bereits seit Stunden Rad gefahren, als mein Reifen plötzlich platt wurde.

How long **had** she **been dancing** when she collapsed on the dance floor?
Wie lang hatte sie bereits getanzt, als sie auf der Tanzfläche zusammenbrach?

When I woke up, I saw that it **had been raining**. Everything was still wet.
Als ich aufwachte, sah ich, dass es geregnet hatte. Alles war noch nass.

BILDUNG

alle Personen mit **had been + -ing-Form**

FRAGEN

alle Personen mit **had ... been + -ing-Form**

VERNEINUNG

alle Personen **had not (hadn't) + been + -ing-Form**

GEBRAUCH

→ für vergangene Handlungen, die eine gewisse Zeit lang *vor* anderen
Ereignissen in der Vergangenheit stattfanden

→ Im Unterschied zum **Past Progressive**, das den Hintergrund einer
anderen Handlung angibt, wird beim **Past Perfect Progressive** häufig
die Zeitdauer erwähnt, die eine Handlung bereits anhielt.

Future Perfect (simple)

By the time you get up tomorrow afternoon I **will have decorated** the Christmas tree.
Wenn du morgen Nachmittag aufwachst, werde ich den Weihnachtsbaum bereits geschmückt haben.

In May next year I **will have finished** comprehensive school.
Im nächsten Mai werde ich die Gesamtschule beendet haben.

I'm sure she **will have turned off** the cooker when she left the house.
Ich bin sicher, sie wird den Herd ausgestellt haben, als sie aus dem Haus ging.

BILDUNG

alle Personen mit **will have + Past participle**

FRAGEN

alle Personen mit **will ... have + Past participle**

VERNEINUNG

alle Personen mit **will not (won't) + have + Past participle**

GEBRAUCH

- für abgeschlossene Handlungen und Zustände in der Zukunft
- Man schaut gedanklich aus der Zukunft zurück auf bereits abgeschlossene Handlungen oder Zustände.
- für Vermutungen zu Handlungen oder Zuständen, von denen man nicht weiß, ob sie geschehen sind

Future Perfect (progressive)

When I come home tonight, I'm sure you **will have been playing** computer games for hours.
Wenn ich heute Abend nach Hause komme, dann wirst du sicher bereits stundenlang Computerspiele gespielt haben.

By the time I arrive, she **won't have been waiting** for more than a few minutes.
Wenn ich ankomme, wird sie nicht mehr als ein paar Minuten gewartet haben.

BILDUNG

alle Personen mit **will have been + -ing-Form**

FRAGEN

alle Personen mit **will ... have been + -ing-Form**

VERNEINUNG

alle Personen **will not (won't) + have been + -ing-Form**

GEBRAUCH

- ➜ für abgeschlossene Handlungen in der Zukunft, die eine gewisse Zeit lang vor einem anderen Ereignis in der Zukunft stattgefunden haben

- ➜ Man schaut gedanklich aus der Zukunft zurück auf bereits abgeschlossene Handlungen und betont deren zeitlichen Verlauf.

- ➜ für Vermutungen zu Handlungen, von denen man nicht weiß, ob sie geschehen sind

Verbformen

Vollständige Hilfsverben

TO BE

	Present Tense	Past Tense	Past Participle	-ing-Form
I	am	was	been	being
you	are	were	been	being
he/she/it	is	was	been	being
we	are	were	been	being
you	are	were	been	being
they	are	were	been	being

KURZFORMEN

I'm = I am	you're = you are	he's/she's/it's = he is/she is/it is
we're = we are	you're = you are	they're = they are

FRAGEN

Umstellung von Subjekt und to be-Form: **Am I** ...?/**Are you** ...?/
Is she ...?/**Are we** ...?/**Are they** ...?/**Was I** ...?/**Were you** ...?/**Will ... be**?

VERNEINUNG

am not ('m not), **is not** (isn't), **are not** (aren't), **was not** (wasn't),
were not (weren't), **will not be** (won't be)

GEBRAUCH

➡ **To be** ist ein Vollverb, das in allen Zeiten verwendet werden kann.

Als Hilfsverb verwendet man **to be** für:

➡ alle Progressivformen, z. B. She**'s playing** chess with Martin. *Sie spielt gerade Schach mit Martin.*

➡ alle Passivformen, z. B. We **are being** followed. *Wir werden verfolgt.*

TO DO

	Present Tense	Past Tense	Past Participle	-ing-Form
I	do	did	done	doing
you	do	did	done	doing
he/she/it	does	did	done	doing
we	do	did	done	doing
you	do	did	done	doing
they	do	did	done	doing

KURZFORMEN

Kurzformen sind nur in der verneinten Form möglich.

FRAGEN

Umstellung von Subjekt und do/does/did: **Do I** .../**Does she** ...?/**Did you** ...? usw.

VERNEINUNG

do not (don't), **does not** (doesn't), **did not** (didn't)

GEBRAUCH

➡ **To do** ist ein Vollverb, das in allen Zeiten verwendet werden kann.

Als Hilfsverb verwendet man **to do** für:

➡ Fragen bei Vollverben in Present und Past simple, z. B. **Does** your boyfriend **like** black pudding? *Mag dein Freund Blutwurst?*

➡ Verneinungen bei Vollverben in Present und Past simple, z. B. They **didn't spend** Christmas at home. *Sie verbrachten Weihnachten nicht zu Hause.*

TO HAVE

	Present Tense	Past Tense	Past Participle	-ing-Form
I	have	had	had	having
you	have	had	had	having
he/she/it	has	had	had	having
we	have	had	had	having
you	have	had	had	having
they	have	had	had	having

KURZFORMEN

I've = I have	**you've** = you have	**he's/she's/it's** = he has/she has/it has
we've = we have	**you've** = you have	**they've** = they have

FRAGEN

➡ als Vollverb mit **to do**: **Do I have** …?/**Does she have** …? usw. (Fragen ohne do-Form sind selten, z. B. Have you no respect?)

➡ als Hilfsverb durch Umstellung von Subjekt und have/had: **Have I** …?/**Has she** …?/**Had you** …? usw.

VERNEINUNG

have not (haven't), **has not** (hasn't), **had not** (hadn't)

GEBRAUCH

➡ **To have** ist ein Vollverb, das in allen Zeiten verwendet werden kann.

➡ Als Hilfsverb verwendet man **to have** für alle „simplen" Perfektzeiten, z. B. **Have** you ever **had** an operation? *Hast du schon mal eine Operation gehabt?*

to have/have got

TO HAVE

Aussage:	I **have** 3 cars. *Ich habe 3 Autos.*
Frage:	How many cars **do** you **have**? *Wie viele Autos hast du?*
Verneinung:	I **don't have** 2 cars but 3. *Ich habe nicht 2 Autos, sondern 3.*

HAVE GOT

Aussage:	I **have got** 3 cars. *Ich habe 3 Autos.*
Frage:	How many cars **have** you **got**? *Wie viele Autos hast du?*
Verneinung:	I **haven't got** 2 cars but 3. *Ich habe nicht 2 Autos, sondern 3.*

TO HAVE/HAVE GOT (IM PAST SIMPLE)

Aussage:	I **had** 3 cars. *Ich hatte 3 Autos.*
Frage:	**Did** you **have** 3 cars? *Hattest du 3 Autos?*
Verneinung:	I **didn't have** 2 cars but 3. *Ich hatte nicht 2 Autos, sondern 3.*

GEBRAUCH

➡ **To have** kann als Vollverb in allen Zeiten verwendet werden.

➡ **Have got** ist eine Sonderform, die ähnlich wie ein Hilfsverb nur im Präsens verwendet wird.

Unvollständige Hilfsverben

can	*können, dürfen*	**could**	*konnte, könnte*
may	*mögen, können, dürfen*	**might**	*könnte, dürfte, vielleicht*
must	*müssen*	**must not**	*nicht dürfen*
shall	*werden, sollen*	**should/ought to**	*sollte*
will	*werden, wollen*	**would**	*würde*

Sonderformen: have got, need, to dare, to help

KURZFORMEN

Alle Hilfsverben haben Kurzformen in der Verneinung, z. B. can't. Man verwendet sie häufig im gesprochenen Englisch.

FRAGEN

Umstellung von Subjekt und Hilfsverb, z. B. **Can I** ...?

VERNEINUNG

Verneinung mit not, z. B. **You can't** ...

GEBRAUCH

➡ nur im Present Tense zu verwenden (Ausnahme: **could**) und bei der indirekten Rede

➡ ohne **-s** in der 3. Person Singular

➡ keine Progressivformen möglich

➡ Nach dem Hilfsverb steht der Infinitiv ohne **to** (Ausnahme: **ought to**) oder der Past Infinitiv (have + Past Participle).

➡ bei Kurzantworten und Question Tags

➡ Nach den Verben **to dare** *wagen* und **to help** *helfen* kann das **to** vor dem Infinitiv weggelassen werden: **to help somebody (to) do something**

CAN, COULD

Can you play the violin? *Kannst du Geige spielen?*

You **can't** go in there – the room hasn't been cleaned yet.
Du darfst da nicht reingehen; der Raum ist noch nicht sauber gemacht worden.

I **couldn't** get any tomatoes – they were sold out.
Ich konnte keine Tomaten bekommen; sie waren ausverkauft.

Could you close the window, please? *Könntest du bitte das Fenster schließen?*

KURZFORMEN

can't = cannot/**couldn't** = could not

FRAGEN

Umstellung von Subjekt und can/could: **Can I** ...?/**Could she** ...?

VERNEINUNG

Verneinung mit not: **cannot** (can't), **could not** (couldn't)

ERSATZFORMEN

to be able to (formaler als can), to be allowed to, to be permitted to

GEBRAUCH

- **can** *können, dürfen*/**could** *konnte, könnte*
- Nach **can** und **could** steht der Infinitiv ohne **to.**
- für Fähigkeiten, Möglichkeiten, Wünsche und Bitten sowie Verbote
- *Etwas tun dürfen* heißt auch **to get to do something**

MAY, MIGHT

May I come in, please? *Darf ich bitte hereinkommen?*

May he rest in peace. *Möge er in Frieden ruhen.*

It **mightn't** be a bad idea to take an umbrella – it looks rainy.
Es dürfte keine schlechte Idee sein, einen Schirm mitzunehmen; es sieht regnerisch aus.

I'm not sure, but she **might** be able to help you.
Ich bin mir nicht sicher, aber sie kann dir vielleicht helfen.

KURZFORMEN

mayn't (selten verwendet) = may not/**mightn't** = might not

FRAGEN

Umstellung von Subjekt und may/might: **May I** ...?/**Might we** ...?

VERNEINUNG

Verneinung mit not: **may not, might not** (mightn't)

ERSATZFORMEN

to be allowed to, to be permitted to

GEBRAUCH

- ➡ **may** *mögen*, *können*, *dürfen*/**might** *könnte*, *dürfte*, *vielleicht*
- ➡ für Fragen um Erlaubnis (ähnlich wie **can**, aber höflicher)
- ➡ für Vermutungen, Möglichkeiten und Verbote
- ➡ für Wünsche und Hoffnungen

MUST, MUST NOT

You **must** read this book – it's hilarious.
Du musst dieses Buch lesen; es ist saukomisch.

It's late – I **must** go now. *Es ist spät; ich muss jetzt gehen.*

You **mustn't** insult your coach. *Du darfst deinen Trainer nicht beleidigen.*

Must I call them today? *Muss ich sie heute anrufen?*

KURZFORMEN

mustn't = must not

FRAGEN

Umstellung von Subjekt und must: **Must I ...?/Mustn't he ...?**

VERNEINUNG

Verneinung mit not: **must not** (mustn't)

ERSATZFORM

to have to do something

GEBRAUCH

- → **must** *müssen*/**must not** *nicht dürfen*
- → für Verpflichtungen, Vermutungen, Wünsche und Verbote
- → Für Verbote (**must not**) verwendet man auch **cannot.**
- → die Verneinung von müssen = **don't have to/didn't have to**
- → die Vergangenheit von müssen (musste) = **had to**

SHALL, SHOULD, OUGHT TO

I **shall** be in Brighton next week. *Ich werde nächste Woche in Brighton sein.*

Shall we say around 7 in front of the restaurant?
Sagen wir gegen 7 vor dem Restaurant?

Cars **shouldn't** be allowed to drive so fast on motorways.
Autos sollten auf Autobahnen nicht so schnell fahren dürfen.

You really **ought to** see a dentist soon.
Du solltest (wirklich) bald zum Zahnarzt gehen.

KURZFORMEN

shan't = shall not/**shouldn't** = should not/**oughtn't to** = ought not to

FRAGEN

Umstellung von Subjekt und shall/should/ought to: **Shall I** ...?/**Should he** ...?/
Ought we to ...?

VERNEINUNG

Verneinung mit not: **shall not** (shan't), **should not** (shouldn't), **ought not to**
(oughtn't to)

ERSATZFORMEN

to want somebody to do something, to be supposed to, had better

GEBRAUCH

➡ **shall** *werden, sollen*/**should** *sollte*/**ought to** *sollte*

➡ **shall** (*werden*) in der Regel nur für die 1. Person Sgl. und Pl.

WILL, WOULD

I think my uncle **will** buy a new car next month.
Ich denke, mein Onkel wird sich nächsten Monat ein neues Auto kaufen.

Will you help me, please? *Willst du mir bitte helfen?*

I **wouldn't** eat that if I were you. *Ich würde das nicht essen, wenn ich du wäre.*

When grandpa was a child he **would** go to church every Sunday.
Als Kind ging Opa (immer) jeden Sonntag in die Kirche.

KURZFORMEN

won't = will not/**wouldn't** = would not

FRAGEN

Umstellung von Subjekt und will/would: **Will you** ...?/**Would he** ...?

VERNEINUNG

Verneinung mit not: **will not** (won't), **would not** (wouldn't)

ERSATZFORMEN

to be going to, to want, to plan, to intend, (used to)

GEBRAUCH

→ zur Bildung von Future (will) und Future Perfect

→ **will** bei höflichen Fragen auch in der Bedeutung von *wollen*

→ **would** für vergangene Gewohnheiten

NEED

You **needn't** tell your brother.
Du brauchst/musst das deinem Bruder nicht (zu) erzählen.

Your hair really **needs** washing.
Deine Haare müssen wirklich mal wieder gewaschen werden.

Needn't we ask the head teacher first?
Müssen wir nicht zuerst die Rektorin fragen?

You **needn't have** tidied up the classroom.
Du hättest das Klassenzimmer nicht aufzuräumen brauchen.

KURZFORMEN

needn't = need not

FRAGEN

Umstellung von Subjekt und need: **Need I** ...?

VERNEINUNG

Verneinung mit not: **need not** (needn't)

GEBRAUCH

➡ **To need** *brauchen*, *müssen* wird als Vollverb in allen Zeiten, aber auch als Hilfsverb verwendet (vor allem im BE).

➡ für Handlungen, die nicht notwendig waren, vgl.:

➡ **needn't have done something** = etwas stellte sich im Nachhinein als unnötig heraus

➡ **didn't need to do something** = etwas war unnötig, wurde aber dennoch getan

Sollen

shall

→ nur bei Fragen und Verneinungen:
Shall I open the door? *Soll ich die Tür öffnen?*

to be to do something

→ formal für geplante Handlungen:
The Prime Minister **is to** visit Australia next week.
Der Premierminister soll/wird nächste Woche Australien besuchen.

→ formal für Anweisungen:
This form **is to be** filled in and returned by Friday.
Dieses Formular soll ausgefüllt und bis Freitag abgegeben werden.

was/were to do something

→ für vergangene Ereignisse, die nicht eingetreten sind:
The train **was to** arrive at 8.30. *Der Zug hätte um 8:30 Uhr eintreffen sollen.*

to be due (at/in/on)/to be due to do something

→ formal für Ereignisse, die man erwartet:
Her baby **is due in** December. *Ihr Baby soll im Dezember kommen.*

to be supposed to do something

→ für etwas, was man tun soll oder muss, und für Erwartungen:
People under 18 **are not supposed to** buy alcohol.
Personen unter 18 sollen keinen Alkohol kaufen.

to be said to be something

→ für Vermutungen:
The Carlyles **are said to be** quite rich. *Die Carlyles soll sehr reich sein.*

Hilfsverben mit Past Infinitive

She **can't have painted** the wall by herself.
Sie kann die Wand nicht allein bemalt haben.

The police said she **could not have done** it.
Die Polizei sagt, dass sie es nicht getan haben kann.

Your new student ID **will have been sent** to you shortly after you ordered it.
Dein neuer Schülerausweis wird dir, kurz nachdem du ihn bestellt hast, zugeschickt worden sein.

He **must have known** the burglar. *Er muss den Einbrecher gekannt haben.*

If you had taken a walk through the park, you **might have seen** a squirrel.
Wenn Du durch den Park gegangen wärst, hättest Du vielleicht ein Eichhörnchen gesehen.

She **shouldn't have sold** the old car.
Sie hätte das alte Auto nicht verkaufen sollen.

You **ought to have gone** to see a doctor.
Du hättest wirklich zum Arzt gehen sollen.

GEBRAUCH

- ➡ An alle Hilfsverben lässt sich der Past Infinitive (**have + Past Participle**) anhängen.

- ➡ für Vermutungen, Irreales, nicht Realisiertes in der Vergangenheit

- ➡ Die Regeln für Fragen, Verneinungen und Kurzformen entsprechen den Regeln der Hilfsverben.

Fragen und Verneinungen

FRAGEN: VOLLVERBEN

Present simple	do	he/she/it: **does**
Past simple	**did**	
Future (will)	**will**	
Present Perfect	**have** ... + Past Participle	he/she/it: **has** ... + Past Participle
Past Perfect	**had** ... + Past Participle	
Future Perfect	**will** ... **have** + Past Participle	

FRAGEN: HILFSVERBEN

Umstellung von Hilfsverb und Subjekt (gilt auch für alle Progressive Formen),
z. B **Can you** go there?/**Was she** hiding from somebody?

VERNEINUNGEN: VOLLVERBEN

Present simple	**do not (don't)**	he/she/it: **does not (doesn't)**
Past simple	**did not (didn't)**	
Future (will)	**will not (won't)**	
Present Perfect	**have not (haven't)** ... + Past Participle	he/she/it: **has not (hasn't)** ... + Past Participle
Past Perfect	**had not (hasn't)** ... + Past Participle	
Future Perfect	**will not (won't)** ... **have** + Past Participle	

VERNEINUNGEN: HILFSVERBEN

Verneinung des Hilfsverbs mit **not** (gilt auch für alle Progressive Formen), z. B.
I **won't** be seeing her again./I **wasn't** listening.

Imperativ

Come in, please. *Herein!*

Be careful, will you. *Sei/Seid vorsichtig!*

Get out of here, quick! *Raus hier, schnell!*

Don't get home too late. *Komm/Kommt nicht zu spät nach Hause!*

Don't do that! *Tu/Tut das nicht!*

Don't you ever say that again! *Sag das nie wieder!*

Do be ready in half an hour. *Sei in einer halben Stunde fertig!*

REGELN

→ Der Imperativ entspricht dem Infinitiv.

→ Man kann nur aus dem Zusammenhang schließen, wie viele Personen gemeint sind.

→ Negative Befehle erfolgen mit **don't.**

→ Die Hinzunahme von **you** oder **do** wirkt verstärkend.

→ Ein Ausrufezeichen verleiht der Aufforderung weiteren Nachdruck.

→ Möchte man sich als Sprecher/in selbst einbeziehen, sagt man: **Let's** ...

Kurzantworten und Question Tags

KURZANTWORTEN

Is your grandmother still alive? – Yes, **she is**.
Lebt deine Großmutter noch? – Ja.

Can I borrow your pen? – Sorry, **you can't** – I need it myself.
Kann ich mir deinen Stift ausleihen? – Leider nein; ich brauche ihn selbst.

Do you have a brother? – No, **I don't**.
Hast du einen Bruder? – Nein, habe ich nicht.

REGELN

→ Kurzantworten wiederholen das Hilfsverb; bei Vollverben verwenden man eine Form von **to do**.

→ Man verwendet Kurzantworten, weil **Yes** und **No** als Antworten unhöflich sind

QUESTION TAGS

You **can't** help me, **can you**? *Du kannst mir nicht helfen, nicht wahr?*

You **do** like classical music, **don't you**? *Du magst doch klassische Musik, oder?*

REGELN

→ Question Tags entsprechen im Deutschen *nicht wahr?* bzw. *oder?*

→ Sie dienen zur Verstärkung einer Aussage.

→ Negative Hilfsverben werden positiv angehängt; positive Hilfsverben werden negativ angehängt.

→ Bei Vollverben verwendet man **to do** in derselben Zeitform.

Passiv: Present, Past Tense und Future (will)

The park **is locked** at 10 pm every night.
Der Park wird jeden Abend um 22:00 Uhr geschlossen.

When **was** the computer **invented** and by whom?
Wann und von wem wurde der Computer erfunden?

The new clothing store **will be opened** next month.
Der neue Klamottenladen wird nächsten Monat eröffnet (werden).

The play was written **by** my sister.
Das Stück wurde von meiner Schwester geschrieben.

He was given $100. *Ihm wurden 100 Dollar geschenkt.*

$100 were given **to him**. *100 Dollar wurden ihm gegeben.*

BILDUNG

Present simple	**something + is/are + Past Participle**
Past simple	**something + was/were + Past Participle**
Future (will)	**something + will be + Past Participle**

REGELN

→ Nicht die handelnde Person, sondern das, was mit jemand oder etwas geschieht, steht im Vordergrund.

→ Der handelnde Akteur kann mit **by somebody** angehängt werden.

→ Das Deutsche *werden* entspricht einer Form von **to be**.

→ Ist das passive Subjekt am Satzanfang *ihm*, *ihr*, *uns* usw. sagt man **he, she, we** usw. – am Satzende **to him, to her, to us** usw.

Passiv mit to get

Our Maths teacher **got injured** in a car crash.
Unser Mathelehrer wurde bei einem Autounfall verletzt.

Did your bicycle ever **get stolen**? *Ist dein Fahrrad schon mal gestohlen worden?*

Mary-Jane and Jacob **got married** last year.
Mary-Jane und Jacob wurden letztes Jahr getraut. (= Sie heirateten letztes Jahr.)

> **Doppeldeutig:** Mary-Jane and Jacob **were married** last year.
> *Mary-Jane und Jacob waren letztes Jahr verheiratet/wurden letztes Jahr getraut.*

I **got angry** when I heard the news.
Ich wurde wütend, als ich die Nachricht erfuhr.

GEBRAUCH

→ meist im informellen, gesprochenen Englisch

→ nicht für passive Handlungen, die längere Zeit in Anspruch nehmen bzw. nahmen

→ nicht für passive Zustände

→ um Doppeldeutigkeiten bei Passivsätzen mit **to be** zu vermeiden

→ nicht selten für Situationen, bei denen etwas Negatives passiert

→ Nach **to get** kann auch ein Adjektiv stehen.

Passiv: Progressive Forms

The classroom **is being cleaned** by the caretaker.
Das Klassenzimmer wird gerade vom Hausmeister geputzt.

New methods **are being tested**.
Neue Methoden werden derzeit getestet.

The defendant **was** just **being cross-examined** when I turned on the TV.
Der Angeklagte wurde gerade ins Kreuzverhör genommen, als ich den Fernseher einschaltete.

Lots of ice cream **was being offered** at the school party.
Auf dem Schulfest wurde viel Eiscreme angeboten.

BILDUNG

Present simple	**something + is being/are being + Past Participle**
Past simple	**something + was being/were being + Past Participle**

REGELN

➡ um passive Handlungen auszudrücken, die zu einem bestimmten Moment in der Gegenwart oder Vergangenheit stattfinden

➡ Passive Progressivformen sind weder in den Perfektzeiten noch im Futur geläufig – man verwendet stattdessen die Aktivformen.

➡ Die Verwendung von Hilfsverben ist bei den Progressivformen nicht möglich.

Passiv: Present, Past und Future Perfect

The invoice **has** already **been paid**. *Die Rechnung ist bereits bezahlt worden.*

Our school **hasn't been renovated** yet.
Unsere Schule ist noch nicht renoviert worden.

When we returned from our one year trip to Canada, the new hotel across the road **had been finished**.
Als wir von unserem Einjahresaufenthalt in Kanada zurückkehrten, war das neue Hotel gegenüber fertiggestellt worden.

The construction of the new gym **will have been completed** by the end of the month.
Der Bau der neuen Turnhalle wird bis (spätestens) Ende des Monats abgeschlossen sein.

BILDUNG

Present Perfect	something + have been/has been + Past Participle
Past Perfect	something + had been + Past Participle
Future Perfect	something + will have been + Past Participle

REGELN

➡️ Die Verwendung der Passivformen von Present, Past und Future Perfect entsprechen den Regeln der Aktivformen.

➡️ Bei den Perfektzeiten gibt es keine Progressivformen im Passiv.

Passiv mit Hilfsverben

I'm sorry to tell you, but that wisdom tooth **must be pulled**.
Es tut mir leid, Ihnen das sagen zu müssen, aber dieser Weisheitszahn muss gezogen werden.

They assume that a new space station **cannot** and **will not be built** for financial reasons.
Sie vermuten, dass eine neue Raumstation aus finanziellen Gründen nicht gebaut werden kann und auch nicht werden wird.

The alarm clock **must have been switched off**.
Der Wecker muss abgestellt worden sein.

Had he worn a seatbelt, his severe injuries **might have been prevented**.
Hätte er einen Sicherheitsgurt getragen, hätten seine schweren Verletzungen vielleicht verhindert werden können.

The new curriculum **should have been introduced** years ago.
Das neue Curriculum hätte schon vor Jahren eingeführt werden sollen.

BILDUNG

Hilfsverb + be/have been + Past Participle

REGELN

- ➡ Alle „simplen" Passivformen lassen sich mit Hilfsverben verbinden.
- ➡ Die passiven Progressivformen lassen sich nicht mit Hilfsverben verwenden.

Gerund als Subjekt und Objekt

ALS SUBJEKT

Sleeping is certainly not my favourite pastime.
Schlafen ist ganz sicher nicht meine Lieblingsbeschäftigung.

Hiking through rugged mountains can be a lot of fun.
Das Wandern durch felsige Gebirge kann sehr viel Spaß machen.

Writing text messages is quite boring if you don't get any answers.
Das Schreiben von SMS/SMS zu schreiben ist ziemlich langweilig, wenn man keine Antworten bekommt.

ALS OBJEKT

I hate **getting up** at 6 on Sunday mornings.
Ich hasse es, Sonntagmorgens um 6:00 Uhr aufzustehen.

Have you finished **reading** the book I gave you?
Hast du das Buch schon zu Ende gelesen, das ich dir gegeben habe?

I'm not interested in **playing** chess with you.
Ich bin nicht interessiert daran, mit dir Schach zu spielen.

GEBRAUCH

- → Ein Gerund ist ein Verb, das als Substantiv verwendet wird.
- → Formal entspricht das Gerund der -ing-Form des Verbs.
- → Ein Gerund als Subjekt wird häufig mit *zu + Infinitiv* übersetzt.
- → Ein Gerund als Subjekt lässt sich mit anderen Wörtern erweitern.
- → Ein Gerund als Objekt wird meist mit *zu + Infinitiv* wiedergegeben.
- → Nach einer Präposition steht so gut wie immer ein Gerund.

Gerund nach Verben

to **avoid** doing something	*vermeiden*
to **begin** doing something/to do something	*beginnen, starten, anfangen*
to **consider** doing something	*bedenken, überlegen*
to **contemplate** doing something	*beabsichtigen*
to **continue** doing something/to do something	*weitermachen, fortfahren*
to **delay** doing something	*verschieben, aufschieben*
to **deny** doing something	*leugnen*
to **like doing** something/to do something	*mögen*
to **enjoy** doing something	*sich erfreuen, genießen*
to **fancy** doing something	*sich vorstellen*
to **finish** doing something	*beenden*
to **forget** doing something	*vergessen*
to **hate** doing something/to do something	*hassen*
to **imagine** doing something	*sich vorstellen*
to **justify** doing something	*rechtfertigen*
to **involve** doing something	*einbeziehen, umfassen*
to **love** doing something/to do something	*lieben*
to **mention** doing something	*erwähnen*
to **mind** doing something	*etwas dagegen haben*
to **miss** doing something	*vermissen, verpassen*
to **prefer** doing something/to do something	*vorziehen, bevorzugen*
to **postpone** doing something	*verschieben*
to **recall** doing something	*sich entsinnen, sich erinnern*
to **recollect** doing something	*sich erinnern*
to **recommend** doing something	*empfehlen*
to **regret** doing something	*bedauern*
to **resist** doing something	*widerstehen, standhalten*
to **risk** doing something	*riskieren*
to **start** doing something/to do something	*starten, beginnen, anfangen*
to **suggest** doing something	*vorschlagen*

Gerund nach diversen Konstruktionen

VERB + OBJEKT + GERUND

to **advise somebody against** doing something	*jemanden davon abraten, etwas zu tun*
can't help doing something	*etwas nicht lassen können*
(**can't**) **understand somebody** doing something	*jemandes Tun nicht verstehen können*
to **mind somebody** doing something	*etwas dagegen haben, wenn jemand etwas tut*
to **resent somebody** doing something	*verübeln, wenn jemand etwas tut*

VERB/ADJEKTIV + PRÄPOSITION + GERUND

to **be interested in** doing something	*daran interessiert sein, etwas zu tun*
to **excuse somebody from** doing something	*jemanden von etwas befreien*
to **excuse somebody for** doing something	*jemanden für etwas entschuldigen*
to **prevent somebody from** doing something	*jemanden von etwas abhalten*
to **continue** doing something/to do something	*weitermachen, fortfahren*

VERB/ADJEKTIV + TO + GERUND

to **admit (to)** doing something	*zugeben, etwas getan zu haben*
to **adjust to** doing something	*sich an etwas anpassen*
to **be accustomed to** doing something	*an etwas gewöhnt sein*
to **be tantamount to** doing something	*gleichbedeutend sein*
to **be used to** doing something	*an etwas gewöhnt sein*
to **confess to** doing something	*etwas gestehen/etwas zugeben*
to **get around to** doing something	*zu etwas kommen*
to **look forward to** doing something	*sich freuen auf*
to **object to** doing something	*etwas ablehnen/gegen etwas sein*
to **own up to** doing something	*etwas zugeben*
to **take to** doing something	*anfangen, etwas regelmäßig zu tun*

REGEL

➡ Nach einer Präposition steht so gut wie immer ein Gerund. Das **to** gehört dann als Präposition zum vorangehenden Verb oder Adjektiv, wenn **something** (also ein Objekt) folgen könnte.

Gerund: Doppelfälle

to remember doing something *sich daran erinnern, etwas getan zu haben*
I don't remember calling him. *Ich erinnere mich nicht daran, ihn angerufen zu haben.*
to remember to do something *daran denken/nicht vergessen, etwas zu tun*
Please remember to call him. *Bitte denke daran, ihn anzurufen.*

to forget doing something *vergessen, etwas getan zu haben*
I'll never forget kissing him. *Ich werde nie vergessen, ihn geküsst zu haben.*
to forget to do something *vergessen, etwas zu tun*
I won't forget to go shopping. *Ich werde nicht vergessen, einkaufen zu gehen.*

to stop doing something *aufhören, etwas zu tun*
He stopped biting his nails. *Er hat aufgehört, an den Nägeln zu kauen.*
to stop to do something *anhalten, um etwas anderes zu tun*
He stopped to buy a newspaper. *Er hielt an, um eine Zeitung zu kaufen.*

to try doing something *etwas versuchsweise ausprobieren*
Try rebooting the computer. *Versuche, den Computer neu zu starten.*
to try do do something *sich bemühen, etwas zu tun*
Try to learn a few words every day. *Bemühe dich, jeden Tag ein paar Vokabeln zu lernen.*

to go on doing something *mit etwas weitermachen, mit etwas fortfahren*
They went on playing ball. *Sie spielten weiter Ball.*
to go on to do something *danach etwas Neues/anderes tun*
And then they went on to play ball. *Und dann spielten sie Ball.*

Subjunktiv

God **save** the Queen! *Gott schütze die Königin!*

Be that as it may! *Sei es, wie es sei!*

The head teacher **insisted** that students (should) **not be allowed** to use their mobile phones in class.
Die Rektorin bestand darauf, dass man den Studenten nicht erlauben sollte, ihre Handys im Unterricht zu benutzen.

I **suggested** (that) she (should) **take** a taxi home.
Ich habe vorgeschlagen, dass sie ein Taxi nach Hause nimmt.

They **recommended** (that) all members (should) **stay** independent.
Sie empfahlen, dass alle Mitglieder unabhängig bleiben sollten.

GEBRAUCH

- ➡ Der Subjunktiv entspricht formal dem Infinitiv.

- ➡ In der 3. Person Singular steht kein **–s**.

- ➡ für Ausrufe und bei Verben, die Vorschläge und Empfehlungen ausdrücken

- ➡ Vor allem nach Verben wie **to suggest**, **to recommend**, **to insist**, **to demand**, **to order** steht der Subjunktiv.

- ➡ Man kann sowohl **that** als auch **should** weglassen.

- ➡ Die Konstruktion **to suggest somebody to do something** ist *nicht* möglich.

Der Satz

Satzbau

AUSSAGESATZ: SUBJEKT + PRÄDIKAT

She is sleeping. *Sie schläft.*
I don't remember. *Ich erinnere mich nicht.*

AUSSAGESATZ: SUBJEKT + PRÄDIKAT + OBJEKT

They are watching a TV show. *Sie schauen eine Fernsehsendung.*
She didn't believe me. *Sie glaubte mir nicht.*
I suggested that they should play in the garden. *Ich habe vorgeschlagen, dass sie im Garten spielen sollten.*

AUSSAGESATZ: SUBJEKT + PRÄDIKAT + ZWEI OBJEKTE

He showed me his new mobile. *Er zeigte mir sein neues Handy.*
I gave the report to my dad. *Ich habe das Zeugnis meinem Vater gegeben.*

ADVERBIEN DER HÄUFIGKEIT

We usually get up at 7. *Wir stehen gewöhnlich um 7:00 Uhr auf.*

ADVERBIEN DER HÄUFIGKEIT MIT HILFSVERB

I have never seen a ghost. *Ich habe noch nie einen Geist gesehen.*

ORT VOR ZEIT

Our neighbours go to Spain every year. *Unsere Nachbarn fahren jedes Jahr nach Spanien.*

ADVERB DER ART UND WEISE VOR ORT UND ZEIT

We waited patiently in the classroom for 30 minutes.
Wir warteten geduldig 30 Minuten im Klassenzimmer.

Stellung von adverbialen Bestimmungen

➡️ Adverbien, die sich auf ein Verb beziehen, stehen vor dem Vollverb, nach dem ersten Hilfsverb oder nach dem Objekt:
Mum **carefully** dusted the vase and put it back on the shelf. *Mama staubte vorsichtig die Vase ab und stellte sie zurück ins Regal.*
Dad studied the instructions **carefully**. *Papa studierte sorgfältig die Anleitung.*

➡️ Hat das Verb kein Objekt, dann folgt das Adverb dem Verb:
Last Sunday it snowed **heavily**. *Letzten Sonntag schneite es heftig.*

➡️ Im Passivsatz steht das Adverb meistens nach dem Verb:
The room were cleaned **properly**. *Der Raum wurde ordentlich geputzt.*

➡️ Bezieht sich ein Adverb auf ein Adjektiv, so steht es vor diesem:
The salad tastes **quite** good. *Der Salat schmeckt ziemlich gut.*

➡️ Häufigkeitsadverbien stehen vor dem Vollverb, nach dem ersten Hilfsverb oder einer Form von to be:
She has **never** been to the US. *Sie ist noch nie in den USA gewesen.*

➡️ Bestimmte Zeitadverbien stehen meist am Ende (seltener am Anfang) des Satzes (genaue Zeitangaben kommen vor allgemeinen):
Betty got back from work **at 7 o'clock yesterday evening**. *Betty kam gestern Abend um 19:00 Uhr von der Arbeit zurück.*

Kommaregeln

Im Englischen werden Kommata wie folgt gesetzt:

→ **bei Listen**
I like apples, bananas (,) and grapes.

→ **für Einschübe**
George Eliot, the great 19th century novelist, was born in 1819.

→ **um unwesentliche Relativsätze abzutrennen**
My uncle, who lives in Bath, is a lawyer. – Es gibt nur einen Onkel, der Nebensatz ist unwesentlich.

> → **Aber**: My uncle who lives in Bath is a lawyer. – Es gibt mehrere Onkel, der Nebensatz ist wesentlich, also kein Komma!

→ **um unabhängige Sätze mit** *and*, *but* **oder** *or* **zu trennen**
He lives in Edinburgh, and she lives in Glasgow.

→ **um Nebensätze zu trennen (nur wenn sie am Anfang stehen)**
If you are ever in London, come and see me.

→ **um Unterbrechungen abzutrennen (however, of course usw.)**
He knew, of course, that she was lying.

→ **um Missverständnisse zu vermeiden**
As they entered, in the shadows you could see a dark figure.

→ **um einleitende Wörter oder Phrasen abzutrennen**
Yes, I'd like to go home with you.

→ **um direkte Anreden abzutrennen**
How was your trip to Cornwall, Gary?

→ **um Question Tags abzutrennen**
You won't do that again, will you?

→ **um Zitate einzuleiten**
The comedian said, "Let's all eat cake!"

→ **für lange Zahlen (aber niemals Jahreszahlen)**
18,300 people, 92,955,807.3 miles

> → **Aber: kein Komma bei Prozentzahlen**: 4.7 per cent, the number π is 3.14159…

Inversion

On the beach sat a gigantic turtle. *Am Strand saß eine riesige Schildkröte.*

Directly in front of the entrance stood a big camel.
Direkt vor dem Eingang stand ein großes Kamel.

Under no circumstances can we accept your proposal.
Unter keinen Umständen können wir Ihren Vorschlag annehmen.

Hardly had we arrived at the hotel when my sister turned on the TV.
Kaum waren wir im Hotel angekommen, als meine Schwester schon den Fernseher anstellte.

Here comes our Physics teacher. *Da kommt unsere Physiklehrer.*

I'm thirsty. – **So** am I. *Ich habe Durst. – Ich auch.*

I don't like black pudding. – **Neither/Nor** do I.
Ich mag keine Blutwurst. – Ich auch nicht.

GEBRAUCH

Die Inversion, d. h. die Umstellung von Subjekt und Verb, erfolgt ähnlich wie im Deutschen:

➡ nach Adverbien des Ortes und der Bewegung

➡ nach negativen Adverbien

➡ bei Ausrufen, Fragen und in If-Sätzen

➡ ebenfalls nach **so**, **neither** und **nor**

Konjunktionen

after	nachdem
and	und
although	obwohl/obgleich
as	da/weil/als/während
as if	als ob/als wenn
as long as	solange
as soon as	sobald
because	weil
before	bevor
both ... and	sowohl ... als auch
but	aber/sondern
either ... or	entweder ... oder
even if	auch wenn/selbst wenn
except that	außer dass
for	denn/weil
if	wenn/ob
(in order) to	um ... zu
neither ... nor	weder ... noch
once	sobald
or	oder
since	seitdem/da, weil
so (that)	damit
that	dass
when	wenn/als/sobald
while	während/indem
unless	außer wenn/wenn nicht/es sei denn, dass
until/till	bis/bis dass
whenever	sooft/immer wenn
whereas	wohingegen/während
whether	ob

Präpositionen der Zeit

AT

Christmas, Easter	*Feste*
the weekend (BE)	*Wochenende*
breakfast (time), lunchtime	*Mahlzeiten*
dawn, dusk, sunrise, sunset	*Sonnenauf-/-untergang*
2 pm, 8 o'clock	*Uhrzeiten*
at night	*nachts*

IN

the 19th century, the 21st century	*Jahrhunderte*
1713, 2014	*Jahre*
(the) spring, (the) summer	*Jahreszeiten*
January, February	*Monate*
the morning, the afternoon	*Tageszeiten*
three years' (time), an hour	*Zeitdauer*
(the) future, the past	*Zeitepochen*
in the night	*in/während der Nacht*

ON

New Year's Eve, Christmas Day	*Feiertage*
Monday, Tuesday	*Wochentage*
Monday morning	*Tageszeiten mit Wochentag*
7 May 2014 (AE: May 7, 2014)	*Datum*
the weekend (AE)	*Wochenende*

WEITERE

about *gegen*, **after** *nach*, **ago** *vor*, **as of** *ab*, **before** *vor*, **between** *zwischen*, **by** *bis (spätestens)*, **during** *während*, **for** *lang, seit*, **from ... to** *von ... bis*, **last** *letzten*, **next** *nächsten*, **past** *nach*, **over** *über*, **since** *seit*, **through (AE)** *bis (einschließlich)*, **within** *innerhalb*, **until/till** *bis*

Präpositionen des Ortes und der Richtung

ORT

above	*über/oberhalb*
at	*an/bei/(in)*
at the back/front	*vorn/hinten*
between	*zwischen*
behind	*hinter*
below	*unterhalb*
beside	*neben*
beyond	*jenseits*
by	*an/neben*
on (top of)	*(oben) ... auf/darauf*
in/inside/outside	*in(nen)/innerhalb/außerhalb*
in front of	*vor*
next to	*(direkt) neben*
opposite	*gegenüber*
over	*über*
under/underneath	*unter/unterhalb*
within	*innerhalb*

RICHTUNG

across	*über/hinüber*
along	*entlang*
(a)round	*um ... herum*
away (from)	*weg von*
into/out of	*hinein/hinaus*
onto	*auf*
over/under	*(hin)über/unter ... durch*
through	*durch*
to/towards	*nach/zu/hin ... zu*
up/down	*hinauf/herunter*

If-clauses (Konditionalsätze)

TYP 1

If you **call** her you **can talk** with her about your problem, if you **don't** you **won't be able to** solve it.
Wenn du sie anrufst, kannst du mit ihr über dein Problem reden, wenn du das nicht tust, wirst du es (auch) nicht lösen können.

We'**ll go** to this party if Marsha **gets back** home in time.
Wir werden zu dieser Party gehen, wenn Marsha rechtzeitig zu Hause ankommt.

Whenever I **drink** too much, I **get** a headache.
Immer wenn ich zu viel trinke, bekomme ich Kopfschmerzen.

If Dad **has reserved** a table, we'**ll eat** out tonight.
Wenn Papa einen Tisch reserviert hat, werden wir heute Abend essen gehen.

BILDUNG

If-Satz: **Present Tense** – HS: **Present Tense** oder **will + Infinitiv**

GEBRAUCH

- für allgemeingültige Bedingungen

- für Handlungen oder Zustände, die wahrscheinlich eintreten werden, wenn etwas anderes der Fall ist

- Bei regelmäßigen Ereignissen wird **whenever** verwendet.

- Wenn es die Logik erlaubt, kann im If-Satz sogar das Present Perfect stehen.

- Steht der If-Satz vor dem Hauptsatz, setzt man meist ein Komma.

TYP 2

If I **lived** in London, I **would spend** a lot of time in Hyde Park.
Wenn ich in London wohnen würde, würde ich viel Zeit im Hyde Park verbringen.

I **wouldn't believe** him if I **were** you.
Ich würde ihm nicht glauben, wenn ich du wäre.

What **would** you **do** if you **were given** £ 10,000?
Was würdest du tun, wenn man dir 10.000 Pfund geben würde?

If I **were to ask** you out, **would** you **accept** my invitation for dinner?
Wenn ich dich um eine Verabredung bitten würde, würdest du meine Einladung zum Abendessen akzeptieren?

Were I **to invite** you for dinner, **would** you **come** along?
Wenn ich dich zum Abendessen einladen würde, würdest du mitkommen?

BILDUNG

If-Satz: **Past Tense** – HS: **would + Infinitiv**

GEBRAUCH

- für Irreales, Wünsche, Möglichkeiten und Unwahrscheinliches in Gegenwart und Zukunft

- Die korrekte Form ist immer **were** – **was** ist umgangssprachlich.

- Im If-Satz steht in der Regel kein **would**; andere Hilfsverben sind möglich.

- Statt der Past Tense-Form kann der If-Satz auch mit der Konstruktion **were + to + Infinitiv** gebildet werden.

TYP 3

If my parents **had moved** to New York in the 1990s, I **would have been born** in the US.
Wären meine Eltern in den 1990ern nach New York gezogen, wäre ich in den USA geboren worden.

He **would never have found** out, if you **hadn't told** him.
Er hätte es nie herausgefunden, wenn du es ihm nicht erzählt hättest.

Had my mum **met** him 20 years ago, she surely **would have married** him.
Hätte meine Mutter ihn vor 20 Jahren kennengelernt, hätte sie ihn bestimmt geheiratet.

If he **had been** here in time, he **could have seen** the prime minister driving by in his car.
Wenn er rechtzeitig hier gewesen wäre, hätte er den Premierminister in seinem Auto vorbeifahren sehen können.

BILDUNG

If-Satz: **Past Perfect** – HS: **would have + Past participle**

GEBRAUCH

➡ für irreales Geschehen, Wünsche und Möglichkeiten, die in der Vergangenheit liegen

➡ **If somebody had** kann durch **had somebody** ersetzt werden.

➡ Wie bei allen If-Sätzen können auch die des Typs 3 mit Hilfsverben kombiniert werden.

MISCHTYP 2/3

If my parents **had moved** to New York in the 1990s, I **would live** in the US now.
Wenn meine Eltern in den 1990ern nach New York gezogen wären, würde ich heute in den USA leben.

If I **were** 20 years old now – I'm actually only 14 – I **would have finished** school.
Wenn ich jetzt 20 Jahre alt wäre – tatsächlich bin ich erst 14 – würde ich die Schule (bereits) beendet haben.

I'**d be lying** on a beautiful beach right now, if I **had bought** a plane ticket to Spain last month.
Ich würde jetzt an einem schönen Strand liegen, wenn ich letzten Monat ein Flugticket nach Spanien gekauft hätte.

BILDUNG

If-Satz: **Past Perfect** – HS: **would + Infinitiv**
If-Satz: **Past Tense** – HS: **would have + Past participle**

GEBRAUCH

➡ für irreale Handlungen und Zustände, bei denen etwas heute aktuell wäre, wenn in der Vergangenheit etwas anderes stattgefunden hätte

➡ Die Mischung von Typ 2 und 3 erfolgt nach dem logischen Zusammenhang des Geschehens.

will/would im If-Satz

If you **would** please be quiet for a moment... I'll get the head teacher.
Wenn ihr bitte einen Moment ruhig sein könntet ... Ich werde die Rektorin holen.

If you **will** fill in this form, please.
Wenn Sie bitte dieses Formular ausfüllen würden.

If you **wouldn't** mind taking a seat, the hotel manager will be here any minute.
Wenn Sie bitte Platz nehmen würden, der Hotelmanager wird jede Minute hier sein.

I'll pay for your privat tutor **if** it **will** help you learn the language.
Ich werde deinen Nachhilfelehrer bezahlen, wenn es hilft, die Sprache zu lernen.

I would be grateful **if** you **would** send me your new brochure on outdoor clothing.
Ich wäre Ihnen dankbar, wenn Sie mir Ihre neue Broschüre über Outdoor-Kleidung schicken würden.

GEBRAUCH

→ für höflichen Aufforderungen und Bitten

→ für zukünftige Ereignisse, die keiner Bedingung unterliegen, also wenn der If-Satz *kein* Konditionalsatz ist

→ Drückt der If-Satz eine Bereitwilligkeit aus, kann direkt nach dem **if** auch **would** stehen.

unless

Unless you give me a hint where to look, I'll never find the Easter eggs.
Wenn du mir keinen Tipp gibst, wo ich suchen soll, werde ich die Ostereier niemals finden.

She won't eat her chips **unless** you put lots of ketchup on them.
Sie wird ihre Pommes frites nicht essen, wenn du nicht viel Ketchup darauf tust.

I go jogging every morning **unless** the temperature is below zero.
Ich gehe jeden Morgen joggen, es sei denn die Temperatur ist unter Null.

Unless (they are) punished, they will continue to misbehave.
Wenn man sie nicht bestraft, werden sie weiterhin ungezogen sein.

> **Aber: If** you weren't so lazy, your marks would be better.
> *Wenn du nicht so faul wärest, wären deine Noten besser.*

GEBRAUCH

→ **Unless** bedeutet *wenn ... nicht* oder *es sei denn, dass ...*

→ für zukünftige Situationen, die nur dann eintreten, wenn etwas anderes zuvor stattfindet

→ für Situationen, die nur dann wahr sind, wenn etwas nicht eintritt

→ Nach **unless** steht keine Futurform.

→ **Unless** lässt sich nicht mit **would** oder **would have** verbinden.

→ Man verwendet **if ... not** (und nicht **unless**), wenn man weiß, dass etwas nicht geschehen ist oder nicht geschehen wird.

wish

I **wish** I **had** an older brother. *Ich wünschte, ich hätte einen älteren Bruder.*

I **wish** I **were/was lying** next to you. *Ich wünschte ich würde neben dir liegen.*

I **wish** I **had gone** to this concert last night.
Ich wünschte, ich wäre gestern Abend zu diesem Konzert gegangen.

I **wish** it **didn't** rain. (Zustand)
Ich wünschte, es würde nicht regnen.

I **wish** it **would stop** raining. (Veränderung)
Ich wünschte, es würde aufhören zu regnen.

BILDUNG

to wish + somebody/something + Past Tense (Zustand)
to wish + somebody/something + would do something (Veränderung)
to wish + somebody/something + Past Perfect (Zustand und Veränderung)

GEBRAUCH

→ bei Wünschen für irreale Vorgänge oder Veränderungen in Gegenwart oder Vergangenheit

→ Reale Wünsche, z. B. Weihnachtswünsche, erfolgen mit direktem Objekt:
I wish you a Merry/Happy Christmas.

would rather

I **would rather live** in Manchester than in Liverpool.
Ich würde lieber in Manchester als in Liverpool wohnen.

I bought the red shirt, but I**'d rather haven taken** the green one.
Ich habe das rote Hemd gekauft, aber ich hätte lieber das grüne nehmen sollen.

I**'d rather you didn't go out** alone at night.
Es wäre mir lieber, du würdest nachts nicht allein aus dem Haus gehen.

Her father **would rather we didn't see** each other any more.
Ihrem Vater wäre es lieber, wir würden uns nicht mehr treffen.

BILDUNG

somebody would rather do/have done something
somebody would rather somebody did/had done something

GEBRAUCH

➡ Nach **rather** steht der Infinitiv bzw. der Infinitiv Past.

➡ Folgt **rather** ein Objekt (meist eine Person), so steht das folgende Verb in Past Tense (für Gegenwärtiges oder Zukünftiges) oder Past Perfect (für Vergangenes).

➡ Statt **would rather** kann man auch **would sooner** ohne Bedeutungsunterschied verwenden.

had better

You'**d better** hurry up – it's getting late.
Du solltest dich lieber beeilen; es wird langsam spät.

You **had better not** go out without an umbrella.
Du solltest lieber nicht ohne Schirm rausgehen.

Hadn't you better tell your father where you got the money from?
Solltest du nicht lieber deinem Vater sagen, woher du das Geld hast?

Do you think, I should call him? – **You'd better!**
Meinst du, ich sollte ihn anrufen? – Aber sicher!

She said, "You'**d better get up**." – She said, I'**d better get up**.
(= She told me to get up.)
*Sie sagte: „Du solltest besser aufstehen." – Sie sagte, ich sollte besser
aufstehen.*

GEBRAUCH

→ **Had better** ist unveränderlich; *have better* gibt es *nicht*

→ für aktuelle Ratschläge mit der Bedeutung *sollte lieber*

→ Nach **had better** steht der Infinitiv.

→ Bei negativen Sätzen steht **not** nach **better.**

→ Fragen sind nur in der negativen Form möglich.

→ **You'd better** kann auch allein stehen.

→ In der indirekten Rede bleibt **had better** unverändert.

If-Sätze im Passiv

If we **were said to be rich**, people would envy us.
Würde man sagen, dass wir reich wären, würden die Leute uns beneiden.

She **would** not **have been bitten** by that dog if it had been on a lead.
Sie wäre nie von diesem Hund gebissen worden, wenn er an der Leine gewesen wäre.

If the new ring road **had been built**, the distance would be much shorter.
Wäre die Umgehungsstraße gebaute worden, wäre die Entfernung viel kürzer.

If I **would have been told** – but then again, nobody ever tells me anything.
Wenn man es mir erzählt hätte ..., und doch, niemand erzählt mir jemals irgendwas.

If the bridge **is not repaired** by next month, the building contractor **will be sued** by the government.
Wenn die Brücke bis nächsten Monat nicht repariert ist, wird die Baufirma von der Regierung verklagt werden.

GEBRAUCH

➡ Alle If-Sätze, vor allem aber Typ 2 und 3, können ins Passiv gesetzt werden; die aktive Form ist jedoch wesentlich häufiger.

Relativsätze

The man **who/that** had stolen my bicycle said he needed money.
Der Mann, der mein Fahrrad gestohlen hatte, sagte, er brauche Geld.

The two boys (**who/whom/that**) they hired turned out to be fairly lazy.
Die beiden Jungs, die sie angestellt haben, stellten sich als ziemlich faul heraus.

The girl (**who**) I gave the CD **to** is sitting in my English class.
Das Mädchen, dem ich die CD gegeben habe, sitzt in meiner Englischklasse.

FORMEN

who	für Personen (als Subjekt des Nebensatzes)
who(m)	für Personen (als Objekt des Nebensatzes)
which	für Sachen
that	für Personen und Sachen
whose	für Personen und Sachen

GEBRAUCH

➡ Relativpronomen verwendet man, um die Wiederholung des Subjekts oder Objekts zu vermeiden.

➡ Relativpronomen sind unveränderlich.

➡ Das Relativpronomen kann weggelassen werden, wenn der Nebensatz ein eigenes Subjekt hat (das mit dem Subjekt des Hauptsatzes identisch sein kann).

➡ Relativsätze ohne Relativpronomen nennt man **contact clauses.**

➡ Die Präposition steht am Ende des Nebensatzes (**who ... to/for/from**) oder vor dem Relativpronomen (**to/for/from whom**).

Students **whose** marks are getting too low are offered some tutoring.
Schüler, deren Noten zu schlecht werden, wird Nachhilfe angeboten.

My aunt, **who** (by the way) turned 50 last Monday, was born in South Africa.
Meine Tante, die (übrigens) letzten Montag 50 wurde, wurde in Südafrika geboren.

My aunt **who** turned 50 last month was born in South Africa (not the one who is only 45).
Mein Tante (diejenige), die letzten Monat 50 wurde, wurde in Südafrika geboren (nicht die, die erst 45 ist).

This is the bicycle **that** got stolen last month.
Das ist das Fahrrad, das letzten Monat gestohlen wurde.

The chair **on which** he was sitting was very old.
Der Stuhl, auf dem er saß, war sehr alt.

GEBRAUCH

➡ **whose** *dessen* oder *deren*

➡ Der Relativsatz wird dann durch Kommas abgetrennt, wenn die Information, die er enthält, für das Verständnis des Hauptsatzes nicht entscheidend ist (= **non-defining**).

➡ **That** ist immer **defining**, d. h. vor **that** steht kein Komma.

➡ Die Präposition kann vor dem Pronomen (**on/to which**) oder am Ende des Nebensatzes stehen (**which ... on/to**).

I have many friends, **some of whom** grew up in Africa.
Ich habe viele Freunde, von denen einige in Afrika aufgewachsen sind.

My uncle has got three dogs, **two of which** are hunting dogs.
Mein Onkel hat drei Hunde, von denen zwei Jagdhunde sind.

It was the hotel manager **who** told you where to park your car.
Es war der Hotelmanager, der dir gesagt hat, wo du dein Auto parken sollte.

It's disinterest **that** causes bad marks, not lack of intelligence.
Es ist Desinteresse, was schlechte Noten verursacht, nicht Mangel an Intelligenz.

Do you know the reason **why** he refused to participate?
Kennst du den Grund, warum er sich weigerte mitzumachen?

GEBRAUCH

➡ Die Konstruktion **... of whom/which** lässt sich mit vielen Pronomen verbinden, z. B. **all**, **both**, **few**, **many**, **most**, **several**, **some** usw. sowie Zahlen.

➡ Sätze mit der Konstruktion **It + to be ... who/that** heißen **cleft sentences.**

➡ **Cleft sentences** verwendet man, um bestimmte Personen oder Dinge hervorzuheben.

➡ Die Relativadverbien, z. B. **when**, **where**, **why**, sind identisch mit den Fragepronomen.

to be the first to do something

She was **the first (student) to leave** the room.
= She was the first student who left the room.
Sie war die erste, die den Raum verließ.

She was **the first (student) to be seen** outside.
= She was the first student that was seen outside.
Sie war die erste, die man draußen sehen konnte.

He's **the youngest** student ever **to participate** in the talent contest.
Er ist der jüngste Schüler, der je an dem Talentwettbewerb teilgenommen hat.

The song is called "Don't let me be **the last to know**."
Der Song heißt: „Lass mich nicht die letzte sein, die es erfährt."

GEBRAUCH

➡ In Verbingung mit **first**, **second**, **last**, **next**, **only** oder **Superlativen** kann der Relativsatz abgekürzt und der Infinitiv angeschlossen werden.

➡ Der Infinitiv ersetzt hier Subjekt + Relativpronomen; diese Konstruktion ist nicht möglich, wenn der Relativsatz im Aktiv steht und ein eigenes Subjekt hat.

➡ Steht der Relativsatz im Passiv, kann die Kurzversion mit **to be + Past Participle** verwendet werden.

Partizipialsätze

PRESENT PARTICIPLE

I watched a man (who was) **jogging** through the park on one leg.
Ich habe einen Mann beobachtet, der auf einem Bein durch den Park joggte.

I saw my **Maths teacher sitting** in a café.
Ich habe meinen Mathelehrer in einem Café sitzen (ge)sehen.

Sitting in a café, **I** saw my Maths teacher.
Als ich in einem Café saß, habe ich meinen Mathelehrer gesehen.

Opening the cupboard she took out a coffee mug.
Sie öffnete den Küchenschrank und nahm einen Kaffeebecher heraus.

Feeling tired he went home early.
Weil er sich müde fühlte, ging er früh nach Hause.

FORM

Present Participle = **-ing-Form** (z. B. stealing)

GEBRAUCH

→ Für verkürzte Relativsätze: Pronomen und Subjekt können weggelassen werden.

→ für Handlungen derselben Person, die gleichzeitig oder direkt nacheinander geschehen

→ Die Bezugsperson ist die, die dem Partizip am nächsten steht.

→ häufig mit Verben der Wahrnehmung, z. B. **to see, to hear, to notice, to watch** usw.

→ für verkürzte Nebensätze mit weggelassenem **as, since** und **because**

PAST PARTICIPLE UND PERFECT PARTICIPLE

My aunt entered the room, (and she was) **followed** by her little dog.
Mein Tante kam ins Zimmer, gefolgt von ihrem kleinen Hund.

Tired from doing garden work all day, I fell asleep right after dinner.
Weil ich den ganzen Tag im Garten gearbeitet hatte, schlief ich gleich nach dem Abendessen ein.

Having read the patient information leaflet carefully, Dad swallowed the pill.
Nachdem er den Beipackzettel genau gelesen hatte, nahm Papa die Tablette.

I pressed charges after my bicycle, **(having been) stolen** from outside our house, surfaced at a fleamarket.
Ich erstattete Anzeige, nachdem mein Fahrrad, das vor unserem Haus gestohlen worden war, auf einem Flohmarkt wieder aufgetauchte.

FORMEN

Past Participle = **3. Form des Verbs** (z. B. stolen)
Perfect Participle = **having + Past Participle** (z. B. having stolen)
Perfect Participle passive = **having been + Past Participle** (z. B. having been stolen)

GEBRAUCH

- für verkürzte Passivsätze bei gleichem Subjekt oder Objekt

- für Handlungen derselben Person, die nacheinander geschehen

- für verkürzte Passivsätze mit zurückliegendem Ereignis

Indirekte Rede

Direkte Rede	Indirekte Rede
Present (simple)	**Past (simple)**
"I **don't like** meat," she said.	She said she **didn't like** meat.
Present (progressive)	**Past (progressive)**
"I'm **watching** TV," she said.	She said she **was watching** TV.
Past (simple)	**Past Perfect**
"I **saw** a cat," she said.	She said she **had seen** a cat.
Future (will)	**would + Infinitiv**
"I **will be** in Rome," she said.	She said she **would be** in Rome.
Future (progressive)	**would + be + -ing-Form**
"I **will be having** lunch then,"she said.	She said she **would be having** lunch then.
Present Perfect	**Past Perfect**
"I **have** never **seen** him," she said.	She said she **had** never **seen** him.

GEBRAUCH

→ Wird die indirekte Rede durch ein Verb im Past simple eingeleitet, was in der Regel der Fall ist, muss die Zeitform der direkten Rede verändert werden.

→ Wird sie durch ein Verb in Present oder Future eingeleitet, bleibt die Zeitform unverändert.

→ Ist das einleitende Verb **said** oder **told + Objekt**, wird **that** meist weggelassen, vor **that** steht *kein* Komma.

→ Das **Past progressive** bleibt häufig unverändert.

He said, "I **don't know** how." → He said he **didn't know** how.
Er sagte: „Ich weiß nicht wie." → Er sagte, er wisse nicht wie.

She said, "We **got** our reports last Friday." → She said they **got** their reports last Friday.
Sie sagte: „Wir haben unsere Zeugnisse letzten Freitag bekommen." → Sie sagte, sie hätten ihre Zeugnisse letzten Freitag bekommen.

He said, "I **couldn't** open the door." → He said he **couldn't** open the door.
Er sagte: „Ich konnte die Tür nicht öffnen." → Er sagte, er habe die Tür nicht öffnen können.

VERÄNDERUNG DER HILFSVERBEN

can	→	could	shall (*werden*)	→	would
may	→	might	shall (*sollen*)	→	should
must	→	had to	will	→	would

VERÄNDERUNG VON ORTS- UND ZEITANGABEN

today	→	that day	here	→	there
yesterday	→	the following day	this week	→	that week
tomorrow	→	the day before	last week	→	the week before

GEBRAUCH

➡ Orts- und Zeitangaben sowie Pronomen werden je nach Kontext und Zeitpunkt der Wiederholung verändert.

➡ Die Veränderung der Zeitform kann bei Fakten und um Missverständnisse zu vermeiden entfallen.

➡ Unverändert bleiben meist **could, should** usw.

Indirekte Fragen

He said, "**What are** you **doing**?" → He asked (me) **what** I **was doing**.
Er sagte: „Was machst du gerade?" → *Er fragte, was ich gerade tue.*

He said, "Where **do** you **live**." → He asked (me) where I **lived**.
Er sagte: „Wo wohnst du?" → *Er fragte, wo ich wohne.*

He said, "**Can** I help you?" → He asked (me) **if** he **could** help me.
Er sagte: „Kann ich dir helfen." → *Er fragte, ob er mir helfen könne.*

He said, "**Do** you **need** help?" → He asked (me) **if** I **needed** help.
Er sagte: „Brauchst du Hilfe." → *Er fragte, ob ich Hilfe brauche.*

He said, "Do you want pudding **or** ice cream?" → He asked (me) **whether** I wanted pudding **or** ice cream.
Er sagte: „Willst du Pudding oder Eis." → *Er fragte, ob ich Pudding oder Eis wolle.*

GEBRAUCH

→ mit Fragewort und Hilfsverb: Veränderung der Zeitform

→ mit Fragewort und to do-Form: Veränderung der Zeitform und Wegfall der to do-Form

→ ohne Fragewort und Hilfsverb: mit **whether/if** und Veränderung der Zeitform

→ ohne Fragewort und mit to do-Form: mit **whether/if**, Veränderung der Zeitform und Wegfall der to do-Form

→ **Whether** verwendet man vor allem, wenn es eine Wahl gibt.

→ Nach **asked** kann die gefragte Person stehen; nach **to inquire** oder **to wonder** geht das nicht.

Indirekte Befehle

The life guard said, "**Get out** of the water!" → The life guard **told me to get out** of the water.
Der Strandwächter sagte: „Raus aus dem Wasser!" → *Der Strandwächter forderte mich auf, aus dem Wasser zu kommen.*

He said, "Take my advice. **Don't say** anything to your father." → He **advised me against saying** anything to my father.
Er sagte: „Ich gebe dir einen Rat. Sag nichts deinem Vater!" → *Er riet mir davon ab, meinem Vater etwas zu sagen.*

FORMEN

to ask somebody (not) to do sth.	*jemanden bitten, etwas (nicht) zu tun*
to advise somebody to do sth.	*jemandem raten, etwas zu tun*
to advise sb. against doing sth.	*jemandem von etwas abraten*
to beg somebody (not) to do sth.	*jemanden bitten, etwas (nicht) zu tun*
to command sb. (not) to do sth.	*jemandem befehlen, etwas (nicht) zu tun*
to encourage sb. (not) to do sth.	*jemanden ermutigen, etwas (nicht) zu tun*
to invite somebody to do sth.	*jemanden einladen, etwas zu tun*
to order sb. (not) to do sth.	*jemandem befehlen, etwas (nicht) zu tun*
to urge sb. (not) to do sth.	*jemanden drängen, etwas (nicht) zu tun*
to tell somebody (not) to do sth.	*jemanden auffordern, etwas (nicht) zu tun*
to warn sb. (not) to do sth.	*jemanden warnen, etwas (nicht) zu tun*

GEBRAUCH

→ Indirekte Befehle erfolgen meist mit folgender Infinitivkonstruktion: **verb + somebody to do something**; diese Konstruktion geht nicht mit **to say**.

→ Die Verneinung **not** steht zwischen Person und Infinitiv.

→ Die Konstruktion **to forbid somebody to do something** *jemandem verbieten, etwas zu tun* wird meist im Passiv verwendet: **somebody was forbidden to do something.**

American English

AE Wortschatz

Das amerikansche Englisch unterscheidet sich vom britischen zum einen in der Aussprache und zum anderen im Gebrauch unterschiedlicher Begriffe. Hier eine sehr knappe Auswahl:

BE	AE	Deutsch
aubergine	eggplant	Aubergine
autumn	fall	Herbst
biscuit	cookie	Plätzchen
chips	French fries	Pommes frites
cinema/the pictures	movie theater	Kino
courgette	zucchini	Zucchini
crisps	chips	Chips
driving licence	driver's license	Führerschein
film	movie	Film
flat	apartment	Wohnung
football	socker	Fußball
holiday	vacation	Ferien
lift	elevator	Aufzug
lorry	truck	Lkw
mobile (phone)	cell (phone)	Handy
motorway	freeway, interstate	Autobahn
petrol	gas	Benzin
post code	zip code	Postleitzahl
return ticket	round-trip ticket	Rückfahrkarte
roundabout	traffic circle	Kreisel, Kreisverkehr
rubber	eraser	Radiergummi
rubbish	garbage, waste	Müll
shop	store	Laden
tin	can	Dose
toilet(s)	bathroom, restrooms	Toilette(n)
trousers	pants	Hose

AE Grammatik

Abgesehen von vielen Wörtern, durch die sich das amerikanische vom britischen Englisch unterscheidet, gibt es ein paar typisch amerikanische Grammatikeigenarten, die in England zum Teil als falsch angesehen werden:

➡ **Past simple statt Present Perfect bei just und (n)ever**
They just **came** back from a trip to Hawaii. (statt: have come)
This is the best movie I ever **saw**. (statt: have seen)

➡ **Present Perfect statt Present simple**
It's **been** two years since we last met. (statt: is)

➡ **Progressivform bei Zustandsverben**
I've **been wanting** to buy this boat for years. (statt: have wanted)
There's one group in our class that **is seeming** to be saying no to everthing. (statt: seem)
I'm really **liking** it. (statt: I like)

➡ **Adjektiv statt Adverb**
The game was **real** bad. (statt: really)
Drive **slow**! (statt: slowly)

➡ **fast → faster/slow → slower**
Could you speak a little **slower**, please? (statt: more slowly)

➡ **too und either bei negativen Antworten**
You don't love me? – I don't love you, **too**. (statt: either)
I don't have any money on me. – Me **either**. (statt: neither)

Register

Gutschein

für 2 kostenlose Nachhilfestunden*

Jetzt Termin sichern!

✓ Motivierte und erfahrene Nachhilfelehrer

✓ Regelmäßiger Austausch mit den Eltern

✓ Individuelles Eingehen auf die Bedürfnisse der Kinder und Jugendlichen

Bitte hier ausfüllen

und in der nächstgelegenen Schülerhilfe vor Ort abgeben.
Weitere Infos über die Schülerhilfe unter www.schuelerhilfe.de.

_____
Vorname

_____
Name

_____
PLZ

_____
Ort

_____
Straße

_____
Geburtsdatum

_____
Telefon

_____
E-Mail

*Gültig nur in teilnehmenden Schülerhilfen. Gültig nur für Neukunden. Nur ein Gutschein pro Kunde. Nicht gültig in Verbindung mit anderen Aktionen, Angeboten, Coupons oder Rabatten. Gültig nur für Einzelunterricht in kleinen Gruppen.